Gustav Karpeles

Sechs Vorträge über die Geschichte der Juden

Gehalten in den Berliner logen U.O.B.B. in Winter 1895-96

Gustav Karpeles

Sechs Vorträge über die Geschichte der Juden
Gehalten in den Berliner logen U.O.B.B. in Winter 1895-96

ISBN/EAN: 9783743483170

Hergestellt in Europa, USA, Kanada, Australien, Japan

Cover: Foto ©ninafisch / pixelio.de

Manufactured and distributed by brebook publishing software (www.brebook.com)

Gustav Karpeles

Sechs Vorträge über die Geschichte der Juden

Sechs Vorträge

über die Geschichte der Juden.

Gehalten in den

Berliner Logen U. O. B. B.

im Winter 1895/96

von

Dr. Gustav Karpeles.

Herausgegeben von der Großloge für Deutschland VIII.

(Nach stenographischen Aufzeichnungen als Manuscript gedruckt.)

Berlin 1896.
Druck und Verlag von Albert Friedländer's Druckerei.

Erster Vortrag.

Auf weitem Meere treibt ein kleines Schifflein einsam dahin; nicht Wind, nicht Wellen können ihm etwas anhaben. Oft scheint es, als möchten große Wellenberge dasselbe verschlingen und bohren bis auf den Meeresgrund, aber immer wieder taucht es auf und zieht ruhig und unbeirrt seines Weges weiter. — Das ist das Bild, unter welchem unsere alten Weisen die Geschichte Israels begriffen haben. Israel ist das kleine Schifflein, welches auf weitem Meere einsam dahinzieht. Gar oft erscheint es, als ob es untergegangen sei in der Völker Mitte, gar oft sieht es aus, als wäre Israel für immer aus der Völkertafel gestrichen, aber immer wieder erhebt es sich, neu verjüngt, in größerer Zahl, in stärkerer Kraft als vorher.

Wenn ich es nun versuchen will, in den flüchtigsten Zügen Ihnen hier ein Bild der Geschichte Israels von den frühesten Anfängen bis auf die Gegenwart zu entrollen, so werde ich nothwendig diese Geschichte in verschiedene Perioden eintheilen müssen. Aber, meine Damen und Herren, diese Perioden lassen sich nicht streng abgrenzen. Viel zu lange ist ja schon in den Lehrbüchern der Geschichte die übliche Zeiteintheilung festgehalten worden: die Trennung in eine alte Zeit, in ein Mittelalter und in eine neuere Zeit. Thatsächlich geht das Alterthum tief hinein bis in die Zeit, welche wir Mittelalter nennen, und das Mittelalter weit hinein bis in die neue Zeit. Die bisherige Eintheilung wird auf die Dauer kaum mehr festzuhalten sein. Die Historiker, welche die Geschichte Israels behandeln, sind in einer günstigern Lage. Sein Alterthum ist fest abgegrenzt; es hört an einem bestimmten Tage auf, nämlich an dem Tage, an dem Jerusalem zerstört wurde und Israel seiner nationalen Selbstständigkeit verlustig ging. Sein Mittelalter dauerte furchtbar lange, fast bis in das vorige Jahrhundert hinein, und nun können Sie ermessen, wie lange wir von einer neuen Zeit zu sprechen das Recht haben.

Tritt man aber der Geschichte Israels näher, so unterscheidet man in derselben doch sechs große Perioden, insofern als mit dem Abschluß dieser Perioden Israel entweder auf einem neuen Boden sich entfaltet oder eine neue Weltanschauung in seinem Geisterleben sich geltend macht.

Naturgemäß ist die erste dieser Perioden diejenige, welche von dem Anfang geschichtlicher Erkenntniß bis zur ersten Zerstörung des Tempels und der Verbannung Israels ins babylonische Exil sich erstreckt — die Periode, mit welcher wir uns heute zu beschäftigen haben werden. Die zweite Periode ist diejenige, welche von der Rückkehr der Israeliten nach Jerusalem bis zur gänzlichen Vernichtung der nationalen Selbstständigkeit Israels sich zieht, eine der größten, merkwürdigsten und bedeutendsten Epochen Israels, aus deren Schooße in jener Periode eine neue Religion hervorgegangen ist: das Christenthum.

Die dritte Periode umfaßt beinahe ein Jahrtausend; in ihr entwickelt sich jene staunenswerthe Gedankenarbeit, die in den beiden Talmuden und dem ihm verwandten Schriftthum niedergelegt ist. Die vierte Periode eröffnet eigentlich erst die große Exilswanderung, da Israel aus dem Orient hinauszieht, eine neue Heimath sich suchend unter den Völkern und in Nordafrika und in Spanien unter den Arabern eine solche findet, wo eine neue Blütheperiode jüdischen Geistes sich erschließt, welche dem Mittelalter dieser Geschichte seine Signatur verleiht.

Die fünfte Periode der jüdischen Geschichte beginnt an dem Tage, an dem Israel wieder hinauszieht aus Spanien, wo es seine zweite Heimath gefunden hat, um nun wieder nach einer neuen Heimath zu suchen und sich über alle Länder, nach Holland, Deutschland, Polen u. s. w. zu zerstreuen. Es ist die Periode einer Stagnation im jüdischen Geistesleben; auf eine große Blüthezeit ist eine Zeit der Abspannung und Ermüdung gekommen, eine Zeit, in der die Leiden von außen sich häufen, während im Innern der Geist ermattet darniederliegt. Diese Periode dauert bis in die Mitte des vorigen Jahrhunderts, bis in jene Zeit, wo Moses Mendelssohn die Juden dem deutschen Culturleben erschlossen hat, wo die Juden wieder eintreten in die allgemeine Cultur der Menschheit, eine Periode, die noch nicht abgeschlossen, deren Ablösung durch eine andere Culturströmung noch nicht abzusehen ist.

Wer die Geschichte Israels mit nüchternen Augen betrachtet, etwa so, wie man die Geschichte der Phönizier, die Geschichte der Araber oder die Geschichte der Franzosen betrachten würde, der wird in ihr Vieles unbegreiflich, ja unerklärlich finden. Es ist eine Thatsache, welche selbst von kalten und nüchternen, ja sogar von feindseligen Historikern zugegeben wird, daß die Geschichte der Juden eine Geschichte voll von Wundern und Räthseln ist. Aber die

Wunder und Räthsel werden erklärt durch den Geschichtslauf selbst; die Geschichte ist ein Zeugniß für die Wahrheit der Wunder! Unverständlich bleibt die Geschichtserzählung nur für den, der kalt und nüchtern an sie herantritt; dem aber, der sie mit gläubigem Sinne betrachtet, der sich vor dem Eintritt in ihre Hallen das Bibelwort ins Gedächtniß ruft: „Ziehe Deine Schuhe aus, denn hier ist heiliger Boden!", dem wird alles in dieser Geschichte klar, vor dem liegt wie ein aufgeschlagenes Buch die Entwickelung Israels, welches aus winzigen und unbekannten Anfängen zu einer solchen Bedeutung in der Cultur und in der Entwickelung der Menschheit sich entfaltet hat. —

An einem sonnigen Tage, so berichtet der erste moderne Historiker der Juden, zogen Nomadenstämme in das Land Kanaan ein, — es waren unsere Ahnen. Wir schlagen die ersten Bücher der Bibel auf. Ja, ich befinde mich in einer glücklichen Lage, wenn ich von der ersten Periode spreche, in der Lage, Ihnen, meine Damen und Herren, nur wiederholen zu können, was Ihnen allen längst bekannt ist. Wem von Ihnen wären die Geschichten der Bibel wohl auch unbekannt? Das Paradies thut sich vor uns auf. Wir hören die Schlange zischen, wir hören die Sintfluth rauschen, die Arche Noah's taucht aus der Verderbniß empor, mit Spannung folgen wir der Geschichte unserer Erzväter, die als Vorbilder ihres Stammes galten. Unser Stammvater Abraham tritt vor uns auf, ein Mann, mächtig und groß, über sein Zeitalter weit hinausragend, ein Mann, der in einer Zeit, wo Thier- und Menschenopfer noch allgemein, den Ruf Gottes versteht, seinen einzigen Sohn im Geiste zu opfern, und darin erkennt, daß die Menschenopfer in Israel niemals gelten dürfen und alle diejenigen Opfer, welche die Andern bringen, für Israel nicht gelten sollen. Und dann Isaak, der biedere, für das Wohl seiner Familie besorgte Vater, Jacob mit seinen Söhnen, ein kleiner Scheich eines Nomadenstammes, nach Aegypten ziehend, wo die Israeliten sich im Laufe der Jahrhunderte immer mehr ausdehnen und ausbreiten. Wir lesen die liebliche Geschichte von Joseph, die Allen Thränen entlockt, und die wunderbare Befreiung Israels aus Aegypten. Ein kleiner Nomadenstamm sind sie dahingezogen, eine große Volksfamilie ziehen sie hinaus, unter Wundern und Zeichen, von Pharao verfolgt, durch die göttliche Fügung geleitet, durch einen Mann geführt, der wiederum weit hinausragt, nicht nur über sein Geschlecht und über seine Zeit, sondern über alle Zeiten und über alle Geschlechter, durch den göttlichen Mann Mose! Welch eine Gestalt! Selbst die Kunst Michel Angelos reichte nicht aus, um diese Gestalt uns auch nur im Bilde zu versinnlichen. Von drei Bergen ist seine Geschichte umgeben. Auf dem Horeb beginnt seine Sendung, auf dem Sinai erreicht sie ihren Höhepunkt, auf dem

Nebo ist sie vollendet. Dort findet Moses sein Grab, und kein Mensch kennt es bis auf den heutigen Tag. Und nun, durch diesen Mann Mose erhält Israel die göttliche Offenbarung in dem Gesetz, welches sein Leitstern gewesen ist durch alle Tage.

Drei große Gedankenkreise sind in diesem israelitischen Gesetze niedergelegt, durch welche aus der israelitischen später sich die jüdische Geschichte und aus dieser die Geschichte des Christenthums, ja die Geschichte der menschlichen Kultur überhaupt entwickelt hat. Der erste ist der Glaube an einen einigen einzigen Gott; der zweite Gedankenkreis ist der, daß dieser Gott ein Sittengesetz gegeben hat, nach welchem wir hier auf Erden unser Leben einrichten müssen, und der dritte Gedankenkreis ist der, daß alle Menschen Bürger sind einer großen Weltfamilie der Zukunft, welche sich noch einmal nach göttlicher Verheißung ausbreiten soll, der Glaube an einen Messias, an eine messianische Zeit.

Diese drei Gedankenkreise hat die mosaische Gesetzgebung in die Welt gebracht, und in diesen ruht die weltgeschichtliche Bedeutung des Judenthums, welche trotz aller gegenseitigen Versuche nicht herabgesetzt werden kann.

Zwei Völker giebt es im Alterthum, welche den ganzen Schatz von Humanität begründet, erhalten und auf die neue Zeit überliefert haben, das sind die Hellenen und die Juden. Aber seien wir doch offen! Wohin wäre die menschliche Entwickelung gekommen allein mit der griechischen Kultur und mit ihrer Fortbildung im römischen Geistesleben? Nein, es bedurfte einer Vermittelung durch den Geist des Judenthums, um eine humane Entwickelung nach allen Richtungen hin zu erzielen. Welch' eine Höhe hat dies kleine Israel in ethischer Beziehung über den Hellenen jener Zeit erlangt! In Israel ist es zum ersten Male seiner Zeit ausgesprochen worden: „Du sollst keinen Menschen tödten!" Die alten Historiker erzählen uns, daß in den griechischen Bergen oft das Geschrei der kleinen Kinder zu hören war, welche von den Eltern ausgesetzt wurden, und wie die Flüsse die kleinen Kinder angeschwemmt haben, die die eigenen Eltern hineingeworfen hatten. Es war erlaubt, den Sklaven zu tödten, der als freies Eigenthum angesehen wurde; kein Gericht und keine Behörde konnte etwas dagegen einwenden. Und nun diese Höhe der jüdischen Weltanschauung! Bei jedem einzelnen Feste ist vorgeschrieben: „Du sollst den Feiertag heiligen, Du, Deine Magd, Dein Knecht und der Fremdling, der in Deinem Hause weilt." Und während das größte Culturvolk des Alterthums gegen alle Fremden streng sich abschließt, während sie die Fremden „Barbaren" nennen, verkündet dieses israelitische Gesetz: „Du sollst lieben Deinen Nächsten wie Dich selbst", ja noch mehr: „Du sollst auch den Fremdling lieben, denn gedenke, daß Du selbst ein Fremdling gewesen bist im Lande Aegypten". Wie thurmhoch steht das kleine israelitische Volk also über den Hellenen und anderen Culturvölkern jener Tage und selbst späterer Zeiten! Der größte Triumph, der Triumph unserer Weltanschauung, liegt darin, daß die ganze heutige Dogmatik nicht über den Glauben an einen einzigen Gott, nicht über das „Schmah Jisroël", und die ganze moderne Ethik nicht über das „Weohavto le-reacho kamocho" „Liebe Deinen Nächsten wie Dich selbst", hinausgekommen ist. Eine Horde von Ziegelträgern hat die Gesetze der Dogmatik und Ethik in der Wüste übernommen, und so haben sich diese bis auf unsere Tage erhalten — ein Wunder, welches von Dichtern und Forschern gleich anerkannt wird und von welchem Herder gesagt hat: „Ein solche Geschichte mit allem, was drum und dran hängt, läßt sich nicht erdichten und erlügen. Die noch unvollendete Offenbarung Israels ist das größte Wunder aller Zeiten und wird fortgehen bis zur letzten Schürzung des Knotens aller Erdennationen." Allerdings ist diese Bedeutung Israels vielfach verkannt worden. Denn man hat es nicht begreifen können, daß ein Stamm wie dieser aus ägyptischem Frohndienst gekommen ist und plötzlich die Idee an einen einzigen Gott empfing in einer Zeit, wo überall der Glaube an viele Götter üblich war. Man hat deshalb einen Instinkt des Monotheismus erfunden, welcher Israel zu eigen gewesen sein soll. Welch' eine thörichte Ausrede ist es, eine erhabene sittliche Idee einen Instinkt zu nennen, der gerade einem Volke in der Mitte der Wüste zu eigen sein sollte! Mit einer Fülle von Göttern war der griechische Olymp bevölkert. Aber, wo viele Götter sind, giebt es Zank und Streit unter ihnen. Als die Menschheit fortgeschritten, theilten sie die Götter in männliche und weibliche, aber auch zwischen Mann und Weib ist ja ein ewiger Krieg. Erst Israel war es beschieden, selbst in dieser Zeit der Vielgötterei den Glauben an einen Gott zu proklamiren. Dieser Glaube war sein Heil, dieser Glaube war seine Mission, dieser Glaube war seine Geschichte.

Und nun zieht es in das gelobte Land ein und bringt dort fast 800 Jahre zu. Es ist merkwürdig, daß wir von der Geschichte Israels nach dem Tode des Moses meist ein ungenügendes oder unvollständiges Bild haben. Wir denken uns ein Volk, welches sich bemüht, das verheißene Land von den anderen Völkern zurückzuerobern, bemüht, die Nachbarn wegzujagen und auszurotten, ein Volk, welches seinen Gott verläßt und fremden Göttern nachläuft, sich auflehnt gegen seine Führer, gegen seine Propheten. Aber das wäre nur ein unvollständiges Bild von der geschichtlichen Entwickelung Israels in jener Zeit. — Man kann von der Zeit, wo Israel die alte Heimath wieder bezieht, zwei Strömungen verfolgen: eine politische und eine religiös-sittliche. Die politische Geschichte ist ganz klar, und dennoch erfüllt es uns mit Verwunderung, wenn wir uns denken, daß Israel seine nationale Kraft so lange erhalten hat wie irgend ein Volk der alten Welt; weder Griechen, noch Assyrer noch Römer haben so lange ihre nationale Blüthe erhalten. Die moderne Bibelforschung, welche das Bibelwerk, wie es kaum mit griechischen oder römischen Klassikern zu geschehen pflegt, in tausend Stücke zerreißt, ist gegenüber der Stellung, welche die wichtigsten poetischen Hervorbringungen Israels in der Geschichte haben, in großer Uneinigkeit. Gewöhnlich betrachten sie aber alle als die älteste Blüthe der hebräischen Poesie das Lied der Deborah. Und in der That ist es merkwürdig, daß schon in diesem ersten hebräischen Triumphlied auf das größte Geschichtswunder, auf die Offenbarung, Bezug genommen und in begeisterten Tönen die Zeit gepriesen wird, als der Herr einherzog auf den Gefilden Seirs und sein Licht auf den Triften Paran's erstrahlte. Wir stehen auf einem anderen Standpunkt. Aber selbst, wenn wir jenen Standpunkt zugeben wollten, so erkennen wir es doch als eine geschichtliche Beglaubigung jenes großen Ereignisses an, daß in den ersten Versen dieses Liedes sich Deborah auf die Offenbarung am Sinai beruft. Die Offenbarung muß also schon in den Tagen der Deborah nicht nur als eine feststehende Thatsache, sondern als ein geschichtliches und religiöses Ereigniß von höchster Bedeutung für Israel und die Menschheit angesehen worden sein.

Die Zeit der Richter folgt, eine Zeit innerer Zerklüftung, schwerer Kämpfe mit den umgebenden Nachbarn. Und an ihrem Ende tritt wieder eine Erscheinung auf, umflossen vom Glanz der Poesie wie vom Strahl der Geschichte, Samuel, der Priester; mit ihm schließt die richterliche Periode ab, und es beginnt die Zeit, wo über Israel Könige regieren, eine Zeit nationaler Blüthe, aber nicht mehr auch eine Zeit, in welcher die religiöse Idee sich auf der Höhe hält, auf welche die Generation, welche die Offenbarung empfangen, und die folgenden sie gebracht haben. Seine höchste Blüthe erreicht dieser nationale Gedanke unter David und unter Salomo. Der Bau eines centralen Heiligthums in Jerusalem concentrirt diese Macht. Die Verbindungen, welche Salomo mit den anderen Völkern unterhält, seine Klugheit, sein weiter und offener Sinn bringen Israel in Ansehen unter allen anderen Völkern. Sein Gebet zur Eröffnung des Tempels ist eine der erhabensten Hervorbringungen des jüdischen Geisteslebens, zu einer Zeit, wo viele aus ihrer Mitte den Götzen nachliefen, Steine und Altäre bauten und den Glauben an den einig=einzigen Gott vernachlässigten. Und von dieser Zeit beginnt jene obenerwähnte Doppelströmung sichtbar hervorzutreten: auf der einen Seite die politische Kraft, welche bald steigt und fällt, und auf der anderen Seite die religiös=sittliche Strömung, welche von einer Zahl von

Männern geleitet wird, deren Bedeutung ebenfalls weit über ihre Zeit hinausragt, von den Propheten.

Diese Propheten sind von einem neueren Historiker, Renan, „göttliche Demagogen" genannt worden, sie sind mit den modernen Sozialisten und Revolutionären verglichen worden. Es erscheint uns dieser Vergleich vielleicht sehr profan, aber es liegt doch eine gewisse Wahrheit darin, wenn Sie bedenken, daß diese Propheten gegen ein Volk aufzutreten wagten, welches bereits in seiner Majorität für den Untergang reif war, gegen ein Volk, welches sich auflehnte nicht nur gegen diese Propheten selbst, sondern gegen seine Könige und seinen Gott! In dieser Zeit traten jene gottbegeisterten Männer hinaus und lehrten Israel, wie weit es von dem rechten Wege abgegangen sei, wie es abgefallen von den großen Ideen seines Glaubens. Und auch gegen die anderen Völker traten sie mit gleichem Mannesmuthe auf, jedem einzelnen hielten sie einen Spiegel vor, daß es sich bessere und bekehre. Aber noch mehr! In dieser Zeit wilder Kämpfe, in dieser Zeit, wo die alten Griechen sich mit ihren Göttern im Olymp zu beschäftigen hatten und denselben recht menschliche Eigenschaften andichteten, in einer solchen Zeit treten diese Propheten auf und verkünden der Menschheit den Glauben an eine neue Zeit, welche allerdings in ferner Zukunft liegen mag, in welcher alle Völker ihre Schwerter zu Sicheln umschmieden werden, in der es keinen Krieg mehr geben wird, und man erkennen wird, daß nur ein Gott im Himmel sei, der die Welt regiere, und hier unten eine Bruderfamilie der geeinigten Menschheit. In einer solchen Zeit! Kein Analogon giebt es in der Geschichte der Menschheit, der Entwickelung des Geisteslebens, für diese Propheten, und es erscheint unverständlich, sie aus ihrer Zeit heraus erklären zu wollen, solche Männer, die eine solche Sendung auszuführen sich für berufen und berechtigt gehalten hatten und eine Idee, welche selbst in unseren Tagen, ja vielleicht jetzt am allerwenigsten auf Glauben stoßen würde, zu verkünden, daß es einmal nur eine Religion geben wird hier auf Erden. Halten Sie dies fest, meine Damen und Herren; es ist nicht nöthig, daß man eine Geschichte mit allen Namen und Zahlen, Königen und Fürsten, Propheten und Dichtern kenne, aber die Grundidee dieser Geschichte muß man festhalten: Inmitten der Wüste empfängt Israel eine Offenbarung, welche es den Glauben an einen einzigen Gott lehrt, welche ihm verbietet, seinen Nebenmenschen zu tödten und ihm besiehlt, seinen Nächsten zu lieben, auch wenn er ein Fremder und Andersgläubiger ist —, eine Gesetzgebung, die noch heute als das ferne, unerreichte Ideal einer sittlich-bürgerlichen Entwickelung erscheint, indem sie verbietet, Zins und Wucher zu treiben, indem sie die Anhäufung großer Reichthümer und Vermögen verhindert, und ein halbes Jahrtausend später verkünden seine Propheten den Glauben an eine große Zukunft, wo die ganze Menschheit einen Gott verehrt, wo die Humanität, der Glaube und die religiöse Ueberzeugung nur eine sein werden.

Diese drei Gedanken muß man festhalten, um die Geschichte Israels zu verstehen, um seine Erhaltung gegenüber einer ganzen Welt von Feinden erfassen und begreifen zu können.

Es ist nicht abzusehen, welche Entwickelung das jüdische Leben genommen hätte, wenn die Propeten nicht zu einem Volke gesprochen hätten, das für den Untergang reif war. Aber sie sahen den Untergang in naher Zeit vor sich, sie warnten Israel, sie zeichneten die Bilder der Verfolger vor ihm auf.

Israel ging aber dennoch auf seinem Wege weiter. Der erste Keim zur Zwietracht ward gelegt, als die beiden Reiche sich trennten, und als aus dem einen, welches Nordpalästina inne hatte, aus dem Reiche Israel zuerst der Feind angerufen wurde, um innere Zwistigkeiten zu schlichten. Salmanassar, der Assyrer, kam mit großer Macht, aber er kam nicht, um den Königen von Israel zu helfen, sondern um Israel zu zerstören, das Reich, welches zehn Stämme hatte, zu vernichten. Das war im Jahre 720 vor unserer gewöhnlichen Zeitrechnung. Es ist merkwürdig und vielleicht eines der größten Räthsel in der jüdischen Geschichte, daß von diesen zehn Stämmen weiter in der Geschichte nicht die Rede ist. Im Talmud wird erzählt, daß man die zehn Stämme hier oder dort zu suchen habe, aber eine sichtbare Spur von diesen Stämmen hat keiner gefunden und wird wohl auch keiner wiederfinden. Nur der Theil Juda erhielt sich, welcher Jerusalem selbst im Besitz hatte, noch etwa zwei Jahrhunderte, bis 597, bis auch dort der übermächtige Syrer Nebukadnezar eindringt und Jerusalem wie der Tempel zum ersten Male zerstört werden.

Damit schließt die erste Periode des jüdischen Geschichtslebens. — Auf den Trümmern des Tempels sitzt einer der größten von Israels Propheten, Jeremia, und wenn wir seine Klagelieder heute lesen, so ist es, als spräche der Prophet nicht nur zu den vernichteten Israeliten seiner, sondern auch zu dem Israel unserer Tage. „Wem soll ich dich vergleichen und wen soll ich dir an die Seite stellen, du, Tochter Zions? Denn tief wie das Meer ist deine Wunde, wer wird dich heilen? Wer wird dich trösten? Wie sitzt sie so einsam da, die Stadt, die einst so volkreiche, sie ist einer Wittwe gleich geworden, die einst Herrin über Völker war!" So ruft der Prophet seinem Volke zu und keinen Trost findet er, wohin er auch blickt. Jeremia geht mit seinem Volk ins Exil. Er hält aber auch dort den Glauben aufrecht, daß dennoch einst bessere Tage kommen werden für sein armes Israel. Und ein anderer Prophet zieht gleichfalls mit ihnen, Ezechiel, und sie hören, da sie durch Ramah ziehen, eine Stimme klagen und bitterlich weinen. Sie sehen aber in allen Weiten keine Menschenseele, es ist eine Geisterstimme, die Stimme der Mutter Israels, Rahels, welche um ihre Kinder weint und welche sich weigert, Trost anzunehmen. Da hören sie den Ruf wie leises Flüstern aus Himmelshöhen: "Weine nicht und laß ab deine Augen von den Thränen; denn ein Lohn ist für dein Thun, und es werden zurückkehren deine Kinder aus dem Lande des Feindes. Sie werden zurückkehren in ihre Heimath!" — Und sie sind zurückgekehrt!

Zweiter Vortrag.

Wie so oft in der Geschichte der Juden die Erscheinung sich wiederholen sollte, so hören wir am Schlusse der ersten Periode jüdischer Geschichte die bittere Klage: Unsere Hoffnung ist zu Schanden, unsere Feinde haben uns vernichtet, unser Tempel ist zerstört, unser Gott hat uns verlassen, es ist zu Ende! Dieselbe Klage werden wir, wie gesagt, noch oft in der Geschichte Israels hören, aber auch die Töne der Freude und des Glückes, wenn diese Lage sich ändert. Und sie hat sich jedes Mal geändert. Meine Damen und Herren, wenn man die Geschichte mit aufmerksamem Auge liest, nicht bloß als eine Zusammenstellung von Namen und Daten, von Kriegen und Siegen und Revolutionen, sondern wenn man sie mit dem Auge des Philosophen betrachtet, dann stellt sie sich uns doch ganz anders dar. Die Geschichte hat gar keinen Werth, wenn wir nicht aus derselben eine Nutzanwendung, eine Moral ziehen. Die Moral der jüdischen Geschichte werde ich Ihnen, so weit ich sie verstehe, aber jetzt noch nicht verkünden. Wenn sie sich Ihnen nicht von selbst aufdrängen wird aus meiner Geschichtsdarstellung, dann habe ich es eben nicht verstanden, Ihnen dieselbe klarzulegen.

Die ganze Hoffnung der Juden war also damals vernichtet; sie gingen ins Exil, es war kein Zusammenhalt mehr, sie hatten keinen Heimathboden, ein unerbittlicher Feind hatte sie in die ferne Verbannung getrieben. Und siehe da, war es eine Laune des Zufalls, war es bereits der erste Wink des Geschickes, welches Israels Schicksale auch in Zukunft lenkte, derselbe König Nebukadnezar erweist sich ihnen später als ein freundlicher Monarch, da sie im Exil leben. Das Volk selbst ist ihnen günstig gesinnt, sie werden als gleichberechtigt aufgenommen, sie bauen sich Häuser und bebauen die Aecker. Kurz, es vergehen noch nicht 50 Jahre, so sind sie wohlgelittene, angesehene Bürger desselben Landes, in welches sie als eine Horde von Gefangenen eingezogen waren. Allerdings hatten sie auch in diesem halben Jahrhundert die Launen der wechselnden Monarchen zu erfahren. Auf Nebukadnezar folgte sein Sohn, der ihnen weniger gut gesinnt war. Dann entbrannten die heftigen Kriege, in welchen das große babylonische Reich seinem Untergang entgegengehen sollte. Sie kennen alle die Sage von dem König Cyrus, der in einer Nacht mit seinen Truppen die belagerte Stadt Babylon einnahm, den König tödtete und die Herrschaft mit seinem Reiche vereinigte. Nun brach für die Juden eine goldene Zeit an. Es wird behauptet, daß Cyrus ihre Religion gekannt habe, daß er ihnen wohlgesinnt war. Thatsache ist, daß er ihnen die ganze Fülle seiner Güte zuwandte und sogar die Erlaubniß gab, nach ihrer Heimath zurückzukehren. Mit ungeheurem Jubel wurde diese Nachricht aufgenommen, aber nicht alle machten von dieser Erlaubniß Gebrauch. 50 Jahre, nachdem sie ins Exil gewandert, zogen etwa 42,000 Juden aus Babylon nach ihrem Heimathlande zurück mit Psalmen, wie die Ueberlieferung sagt, mit Psalmen, in welchen immer der Refrain wiederkehrte: „Heil dem Volke, dessen Beschützer Jah ist, der ihnen geholfen und der sie hinausgeführt aus dem Lande der Feinde!" Es hatte sich erfüllt das Wort: „Wenn der Herr zurückführt die Gefangenen Zions, werden wir sein wie die Träumenden." Mit heißen Segenswünschen begleiteten ihre Brüder die Zurückgebliebenen, sie, die bereits in Babylon sich mit den Bürgern dieses Landes so vermischt hatten, daß sie nicht mehr die Möglichkeit fanden, nach ihrer Heimath zurückzukehren. Sie gaben ihnen Geschenke und die Mittel, den Tempel wieder aufzubauen nach ihrer Rückkehr in die Heimath.

Allerdings auf die große Erhebung und Freudigkeit folgte naturgemäß eine Zeit der Abspannung, der Ermüdung, der Enttäuschung. Meine Damen und Herren! Es ist ja noch kein Reisender nach dem heiligen Lande gekommen, um, das Herz voll Sehnsucht und Wehmuth, auf den Städten zu wandern, wo einst unsere Väter und Erzväter gelebt, der nicht auf diesem Boden eine schmerzliche Enttäuschung erlebt hätte. So kamen auch sie nach dem heiligen Lande, in welchem, wie die Propheten sagten, Milch und Honig in Strömen fließt, und sie fanden ein arg zugerichtetes, verwüstetes Land. Der Tempel war zerstört und an dessen Stelle war ein Schutthaufen. Es galt nun von vorne anzufangen, und das war eine schwere Arbeit darum, weil sie mit der einen Hand aufbauen und mit der anderen das Schwert gegen ihre Feinde führen mußten. Da war vor Allem ein älteres Mischvolk, Samaritaner genannt, welche sich ihnen anfangs freundlich gegenüberstellten und mit ihnen am Tempelbau arbeiten wollten. Aber die Juden wußten was sie von diesen falschen Freunden zu erwarten hatten und wollten sie nicht Theil nehmen lassen. Die Samaritaner zogen nun unter der Führung eines Priestersohnes

Menaschek, aus und bauten auf dem Berge Gerisim einen Tempel, durch welchen sie dem Heiligthum in Jerusalem Konkurrenz machen wollten; und noch oft haben später die Samaritaner bittere Sorge den Juden bereitet. Aber es ist charakteristisch für das religiöse Leben, welches das Judenthum führte, daß alle Sekten, welche sich von ihm losgesagt hatten, im Grunde genommen nur ein Scheinleben geführt haben oder ganz zu Grunde gegangen sind. Diese Samaritaner leben noch heute. Erst vor etwa acht Tagen habe ich einen Brief des Hohenpriesters der Samaritaner gelesen, in welchem er beklagt, daß die Juden sie noch immer als ihre Feinde betrachten und daß sie von ihnen erzählen, sie verehrten eine Taube als Gottheit. Sie wären im Ganzen 120 Familien und diese seien so arm, daß sie nur auf Almosen angewiesen seien. Genau so ging es auch mit den andern Sekten, welche sich später von dem Körper des Judenthums loslösten, wie wir noch wiederholt sehen werden.

Eine starke Entmuthigung hatte sich inzwischen der Juden bemächtigt. Naturereignisse kamen dazu, ein Mißwachs, schlechte Ernte, Hagel und andere Ereignisse, welche die kaum aufgekeimten Saaten vernichteten. Vergebens suchten die letzten Propheten Haggai und Sacharja ihren Muth zu beleben. Da trat wiederum, merkwürdig unvermittelt, scheinbar unerklärlich, ein Ereigniß ein, welches der Lage der Juden im heiligen Lande eine ganz neue Wendung geben sollte. Eines Tages kam ein Priester aus Babylon mit 10000 Mann, Reitern und Fußvolk, mit vielen Kameelen und Pferden in Jerusalem an. Er hatte gehört, daß es im heiligen Lande nicht so ging, wie es eigentlich gehen sollte; er hatte gehört, daß sich der Israeliten Verzweiflung bemächtigt hatte, daß der Bau des Tempels noch nicht weiter vorgerückt sei und daß die Mauer noch nicht in Angriff genommen worden, und nun hatte er sich von seinem König die Erlaubniß erbeten, nach dem heiligen Lande zu ziehen. Nicht mit Unrecht hat man ihn den „zweiten Mose" genannt; sein Name war Esra. Von Esra datirt die zweite große Periode in der Geschichte des Judenthums. Ein Mann von weitem Blick, von erhabener Weltanschauung, furchtlos und muthig, reinen Herzens und energischen Charakters, so war er in der That geeignet, ein Reformator seines Volkes zu werden. Das erste, was er that, als er sich in Jerusalem festgesetzt hatte, war dieses: In der Verwilderung der Juden, da sie ohne Führer waren — ihr erster Führer Serubabel war nicht mächtig genug — hatten sie sich mit den heidnischen Völkern vermischt. Jüdische Männer hatten heidnische Frauen geheirathet und hatten mit ihnen heidnische Unsitten angenommen. Esra versammelte nun an einem Festtage das ganze Volk und las ihnen das Gesetz Mose's vor, und hob in diesem Gesetze diejenigen Stellen hervor, welche die Verheirathung

mit den Heiden strengstens verbieten. Die Vorlesung erregte
Staunen und Verwunderung in jenen Tagen. 80 Jahre waren
vergangen, seitdem die Israeliten aus Babylon zurückgekehrt
waren; sie wußten nichts mehr von dem Gesetz, nichts mehr von
dem Verbot, sich mit den Heiden zu verehelichen. Das rief Murren
hervor. Esra wußte aber, wo es nöthig war, mit der vollen
Strenge aufzutreten. Die heidnischen Weiber wurden aus dem
Kreise der Juden ausgeschlossen, der Bau des Tempels wurde
energisch in Angriff genommen, und im Jahre 416 — 800 Jahre
nach der Rückkehr aus der aegyptischen Knechtschaft — wurde der
Tempel wieder eingeweiht. Es gab noch Leute, die den ersten
Tempel gesehen hatten. Die weinten heftig, denn die Herrlichkeit
des ersten Tempels war nicht wieder zu erreichen. Und trotzdem
hatte sich die Weissagung erfüllt, daß die Herrlichkeit des ersten
Tempels wieder neu aufleben würde. Hier war es im Grunde
genommen eine Hand voll von Leuten, welche aus ihren eigenen
Ersparnissen den Tempel mühselig und armselig wieder aufrichteten.
Nun hatten sie ein Centralheiligthum, einen Punkt, um den sich
Alles schaaren konnte.

Vierzehn Jahre später kam ein anderer ebenso heldenhafter
Mann, Nehemias, aus Babylon nach Jerusalem, ebenfalls mit
vielen Geschenken und tapferen Kriegern. Und diese beiden Männer
begannen nun das große und mühsame Werk der Reformation des
Judenthums. Die Zeiten Esra's und Nehemia's sind eigentlich
in ein tiefes Dunkel gehüllt. Wir sind viel besser unterrichtet über
die vorangegangene Periode als über die Zeit, in welcher Esra
lebte, und über die Zeit seiner Nachfolger, welche man die Soferim,
die Schreiber, nannte, freilich nicht in dem Sinne, wie wir es
heute auffassen. Aber sie haben ein großes und unvergängliches
Werk geschaffen, sie haben den Pentateuch niedergeschrieben, sie
haben ihn dadurch vor der Vergessenheit bewahrt, für alle Gene=
rationen der Zukunft, für die Welt gerettet. Es giebt sehr viele,
welche nicht daran glauben, daß die Bibel so, wie wir sie erhalten
haben, zusammengestellt sei, und daß, wie wir annehmen, die fünf
Bücher Mose's von Mose, das Buch Josua von Josua u. s. w.
niedergeschrieben seien, sondern die meisten deutschen Kritiker be=
haupten, daß die wesentlichsten Theile des Gesetzbuches in jener
Zeit von Esra und seinen Mitarbeitern, den Soferim, nieder=
geschrieben seien. Dem Vorwurf, den sich diese Kritiker zuziehen
mußten, daß sie die frommen Väter als Fälscher, als schlaue
Priester behandeln, diesem Vorwurf entgehen sie durch alle mög=
lichen Versuche, ihre Idee zu rechtfertigen. Sie behaupten, Esra
hätte aus den Trümmern von Volkssagen und Volksvorstellungen
dieses Gesetzbuch zusammengestellt. Wir können uns auf dieses
Gebiet nicht weiter einlassen. Wer diese fünf Bücher nicht etwa

mit gläubigen Sinne, sondern unbefangen, mit klarem Verstande liest, wird die Richtigkeit solcher Behauptungen von vornherein erkennen. Wo wäre je ein Volk gewesen, das sich an einem Tage von einem Priester ein Gesetz hätte aufoktroyiren lassen wie das, welches in den Gesetzbüchern Mosis vorgezeichnet ist? Wir glauben und halten fest an jener Ueberzeugung, daß Esra die fünf Bücher Mose, welche in jener Zeit in Vergessenheit gerathen waren, den Israeliten an jenem Tage des Laubhüttenfestes vorgelesen, daß sich alle Männer und Frauen, Greise und Jünglinge von Neuem verpflichteten, nach diesem Gesetz zu leben.

Und noch eine andere Erzählung aus jener Zeit wird vielfach bestritten, die Behauptung nämlich, daß damals und später eine Versammlung existirt habe, welche wir „die Männer der großen Synode" nennen, und welche die Aufgabe hatte, das traditionelle Wesen in neue Bahnen zu lenken und auf der andern Seite die alte Tradition in ihrer vollen Reinheit wiederherzustellen. Auch die Existenz der großen Synode wird von den modernen Kritikern bestritten. Die Tradition haben sie uns aber doch in der That erhalten. Wenn eben nicht solche Männer gewesen wären, wie die, welche wir uns unter den Führern der großen Synode vorstellen, so hätte sie die mythenbildende Phantasie des Volkes schaffen müssen, um sich die Erhaltung des Traditionsstoffes natürlicher zu erklären.

Die Israeliten lebten nun etwa 200 Jahre friedlich unter persischen oder medischen Fürsten, bis eines Tages wieder ein großes Ereigniß ganz Israel mächtig erregte. Der Fürst, welcher vielleicht der größte des Alterthums genannt werden darf, und welcher auf seinem Siegeszug durch die Welt nun auch vor den Mauern Jerusalems hielt, war der Held dieses Ereignisses: Alexander der Große. Bis nach Indien war er gekommen, nun zog er mit einem mächtigen Heere auch gegen das kleine Jerusalem. Die Stadt wird seine Beute werden, kein Zweifel, und Israel ein Raub des Verderbens. Der Hohepriester zieht ihm entgegen in wallendem Gewande, hinter ihm das ganze Heer der frommen Priester. Sie bringen ihm Geschenke dar, sie öffnen ihm die Thore der heiligen Stadt und bitten um Gnade. Und siehe da, Alexander, der sich eine ganze Welt erobert hatte, versichert ihnen seine freundlichste Gesinnung, ja, er will Jerusalem gar nicht erobern! Er ist so überwältigt von der Erscheinung des Hohenpriesters, daß seine Umgebung im Momente nicht weiß, was mit ihm vorgegangen sei. Ein Traum in der Wüste, so wird erzählt, hatte Alexander dem Großen dieselbe Erscheinung gezeigt wie diejenige des Hohenpriesters, der ihm entgegenkam und um Schonung und Nachsicht für seine Stadt bat. Und während er alle anderen Völker unterjocht, schont er Jerusalem und verläßt mit seinem Heere Palästina. Er versichert die Juden seiner Huld und gewährt ihnen Schutz vor ihren Bedrückern.

Sie wissen, daß sein Reich und das Reich seiner Nachfolger nicht von Dauer gewesen ist; so weit auseinanderliegende Länder konnten nicht unter ein Scepter gebracht werden. Schon unter seinen Nachfolgern fiel das Reich auseinander und die Israeliten wurden wieder eine Beute fremder Nationen. Die Aegypter bemächtigten sich des Landes und seines wehrlosen Volkes. Ptolemäus Lagi war aber ebenfalls den Juden günstig gesinnt und führte einen großen Theil derselben in sein eigenes Land. Als Fremde zogen 11000 Juden in das Land ein. Von dieser Zeit an datirt eine mächtige Bewegung innerhalb des Judenthums. Ein Theil war in Babylon zurückgeblieben, der Kern des Judenthums war in Jerusalem und nun zog plötzlich ein Theil der Juden — und nicht der schlechteste — aus und siedelte sich in Alexandria an, der mächtigsten Culturstätte der alten Welt. Kaum hundert Jahre lebten die Juden in Alexandria, — und das ist interessant für den Bildungstrieb und die Begabung des jüdischen Volkes — da schreiben sie dort so gut griechisch wie die Griechen, zum Theil sogar noch besser. Selbst griechische Verse werden von ihnen geschrieben, welche sie Sophokles in den Mund legen durften. Durch die Stadt Alexandria ging damals ein kleiner Jude nach dem Museum; wenn er die Thür öffnete, verstummte alles; es war Philo der Jude, von dem die stolzen Griechen sagten, er schreibe das beste Griechisch ebenso gut wie Plato, das Ideal des Klassicismus in dieser Sprache. Juden sind Schriftsteller, Philosophen, Schauspieler, Handelsherren, und das Alles kaum hundert Jahre, nachdem sie als Fremde nach Aegypten gekommen waren. Zum ersten Male in der Weltgeschichte hatten sich die beiden größten Kulturvölker des Alterthums hier berührt: Juden und Griechen, welche sich um die Erhaltung der Wissenschaften die größten Verdienste erworben haben. Diese Berührung war eine freundliche, wenigstens in Alexandria. Der Jude Philo ist der Begründer der neuplatonischen Philosophie, von der ich Ihnen nur eins sage, daß sie die Grundlage der kirchlichen Philosophie des Mittelalters geworden ist. Aus seiner Philosophie und aus den Ideen der Propheten aber ist jenes Reis hervorgesprossen, welches später zu einem so mächtigen Baum emporblühen sollte. Die Philosophie Philo's ist mit die Grundlage des Christenthums geworden.

Nicht so freundlich war die Berührung von Juden und Griechen im Heimathlande Israels, in Jerusalem. Und dort vollzog sich eine Erscheinung, die wir unter veränderten Verhältnissen auch heute noch beobachten können: Die reichen Juden kannten kein höheres Ziel und keine brennendere Sehnsucht, als ihr Judenthum vergessen zu machen, sich mit den Griechen zu vermischen, sich griechische Namen beizulegen, deren Unsitten und Laster nachzuahmen, in ihre Ringschulen, Paläste, Gymnasien, Circusse und Theater zu laufen. Wie Lessing im „Nathan" sagt: „Der reiche Jude war mir nie der beßre Jude" so lautet auch ein merkwürdiges Wort des Talmud: „Achtet sehr wohl auf die Kinder der Armen, denn von ihnen geht die Lehre aus." Die reichen Juden haben niemals das Judenthum gerettet. Die Fortpflanzung und Fortbildung des Judenthums ist immer von den Armen und Kleinen ausgegangen. Es ist nicht abzusehen, welche Entwickelung das Judenthum genommen hätte, wenn es nach jenen Reichen gegangen wäre, zu denen auch die vornehmen Priester gehörten, und wenn nicht ein kleiner Kreis von Männern gelebt hätte, der an den Griechen wohl nur das Große und Schöne ihrer Kunst und Poesie bewunderte, das Judenthum aber in seiner vollen Reinheit ungetrübt erhalten hätte. Das waren jene frommen Rabbinen, die die Grundgedanken des Judenthums weiter spannen in dem Ihnen allen dem Namen nach bekannten Talmud.

Die Kämpfe der feindlichen Parteien, von denen die eine die Priester und Vornehmen, Sadducäer, während die andere die Schriftgelehrten, die Pharisäer, genannt wurde, setzten sich so lange fort, bis ein fremder Eroberer wieder ins Land kam, Antiochus Epiphanes, der im Jahre 169 wiederum einmal dieses unglückliche Land eroberte. Er wollte die Juden fühlen lassen, was ein mächtiger Herrscher vermochte. Er eroberte nicht nur das Land, er traf die Juden an ihrer empfindlichsten Stelle: er verbot ihnen die Ausübung ihres Gesetzes, er entweihte den Tempel, indem er das Bild des olympischen Jupiter hineinstellte. Dasselbe wiederholte er in allen andern Städten Palästinas. Er kam auch nach einer kleinen Bergstadt, Modin genannt. Dort lebte ein alter jüdischer Priester, Mathatias, der mit dem ganzen Treiben in der Residenz von jeher nicht einverstanden war, dem dieses Nachahmen fremder Sitten immer ein Dorn im Auge gewesen war. Dieser trat dem mächtigen Eroberer gegenüber und weigerte sich, dem Jupiter zu opfern. Ein anderer Priester war gefügiger, und Mathatias erschlug diesen Priester vor dem rauchenden Altar, auf welchem er den heidnischen Götzen geopfert hatte. Das war das Signal zum allgemeinen Aufstand. Mathatias mit seinen fünf Söhnen organisirte diesen Aufstand, und wie ein Lauffeuer verbreitete sich die Nachricht, daß eine Priesterfamilie in Modin den Muth gefunden, dem mächtigen Herrscher entgegenzutreten. Die Zerstreuten und Muthigen sammelten sich unter seiner Fahne, und mit ihnen stellte sich sein Sohn, Juda Makkabi, dem Eroberer in der Ebene von Emmaus gegenüber mit einem kleinen Häuflein von 5000 Mann, unbewaffnet oder schlecht bewaffnet, einem Heere von 50000 Mann Fußvolk und 10000 Reitern gegenüber, welches die größten Länder erobert hatte und nunmehr von diesem kleinen Häuflein von Juden in die Flucht geschlagen wurde. Die Geschichte von der Niederlage von Emmaus hat sich sehr häufig wiederholt. Kaum zwei Jahre nachher schlug Judas Makkabäus mit einem Heere von 10 000 Mann ein Syrerheer von 16 000 Mann Fußvolk und 4000 Reitern in die Flucht. Auf weiter Triumphstraße zieht er in Jerusalem ein, er reinigt den Tempel und am 25. Kislev 164 wird zum ersten Male der Tempel wieder seiner uralten Bestimmung übergeben und eingeweiht. Zur Erinnerung daran feiern wir in nächster Zeit das Chanukafest.

Eine Fülle von Wundern und Sagen, von Legenden und Erzählungen, von Helden und Märtyrern charakterisirt diese Zeit, die von Neuem den Beweis bringt, welche Heldenthaten und welche Wunder der Glaubensmuth errichten kann, wenn er auch in einem noch so kleinen Volke lebt. Wie ein Held in der Schlacht starb Juda der Hammer und seine Brüder, Johannes und Simon, übernahmen nun die Herrschaft. Wechselnd unter Helden und Feiglingen, unter Vornehmen und Priestern verlebten die Israeliten die nächsten hundert Jahre. Der Heldenstamm der Makkabäer hält sich nicht immer auf gleicher Höhe; denn die Enkel, Johannes Hyrkanos und Aristobulos, sind bereits so elende Feiglinge, daß sie gegen ihre eigenen Brüder den Feind zu Hilfe rufen und zwar einen neuen Feind, einen neuen Eroberer, so mächtig, wie seit Alexander dem Großen keiner gewesen ist, nämlich die Römer, schon damals eine Weltmacht, schon damals die Macht, vor welcher die alte und neue Welt zitterte, jenes siegreiche Volk, welches durch seine überaus schlaue Politik alle Völker und alle Kriegskunst zu vernichten verstanden hat. Pompejus zieht in Jerusalem ein, aber das Ziel jener Elenden wird nicht erreicht, denn die Römer machen Palästina zu einer römischen Provinz. Unter dem Kaiser Augustus werden die Juden allerdings als gleichberechtigt angesehen, immerhin sind sie aber zu Abhängigkeit und Tributleistung an Rom verpflichtet. Die folgenden Herrscher aus dem Geschlecht der Idumäer, unter denen Herodes der Große sich befindet, verschlimmern die Lage der Juden noch mehr. Fünfzig Jahre nach den großen Heldenthaten der Makkabäer finden wir keine Spur mehr des alten Patriotismus, der alten Glaubenstreue. In Höhlen versteckt halten sich die Männer, welche wir heute feiern als die Erhalter des Judenthums. Von der Wildheit des Herodes zeugt, daß er zehn Frauen gehabt hat, daß er drei seiner Söhne selbst hat hinrichten lassen, ferner seinen Schwager, die Mutter seines Schwagers und Tausende von Menschen.

Er starb im 4. Jahre vor unserer gewöhnlichen Zeitrechnung; denn drei Jahre vorher wurde dem Zimmermann Joseph in Nazareth ein Sohn geboren, Josua genannt, welcher berufen war, in das Schicksal des jüdischen Volkes, ja der ganzen Welt außerordentlich einzugreifen. Aber es wäre eine falsche Vorstellung, wenn wir etwa glaubten, daß dieses Eingreifen schon in jener oder der nächsten Zeit stattgefunden hätte.

Die Lage der Juden in Jerusalem war damals eine überaus traurige. Innere Zwistigkeiten hatten sie in feindliche Lager getheilt. Die Reichen und Vornehmen opponirten gegen die Priester und gegen die Armen. Die Kunde von der Lage in Jerusalem hatte sich auch in die Provinzen verbreitet. So war sie auch zu den armen Fischern nach Galiläa gedrungen. Da mag in dem erhabenen Feuergeist wohl die Idee aufgekommen sein, seinem Volke zu helfen. Er hatte nicht die Absicht, das Judenthum zu ändern, sondern er wollte in die zerrüttete Lage der damaligen Juden neues Leben hineinbringen, er wollte die feindlichen Parteien vereinigen, er wollte ein Reformator seines Volkes werden. Er ging in den Wegen Hillel's, der sein Lehrer gewesen sein soll, und was er den Leuten auf der Straße predigte, die ihn nicht verstanden, war im Grunde genommen dasselbe, was sein Lehrer schon hundert Jahre vorher verkündigt hatte. Als ein Heide zu diesem kam und ihn bat, ihm die ganze Lehre des Judenthums mitzutheilen, so lange er auf einem Fuße stehen könne, da antwortete Hillel ihm: „Gewiß, liebe deinen Nächsten wie dich selbst. Das ist der Inhalt des ganzen Judenthums." Und 80 Jahre später hat Rabbi Josua ihm das nachgesagt, und er erklärte ausdrücklich, wenn die Reden des Evangeliums echt sind: „Alles Uebrige ist nur Umzäunung um die Lehre." Gewiß, er war ein frommer Rabbi und unbeachtet ging er durch seine Zeit, der die große Idee hatte, Israel zu reformiren. Auch die Rabbinen spotteten seiner, denn er war kein Schriftgelehrter wie sie. Etwa ein Jahr lang hatte er die Welterlösung durch den Messias verkündet, welche die Propheten verheißen hatten, daß sie eintreffen müsse in jener Zeit, wo die Zerstörung und Verwirrung am größten sein werden. In Jerusalem saßen die römischen Landpfleger, und es wurde eines Tages dem Pontius Pilatus berichtet, daß im Lande ein Mann umherginge, der die Revolution gegen das römische Reich predige und verkünde, daß die irdische Herrschaft keine Berechtigung mehr habe. Pontius Pilatus verständigte die oberste Gerichtsbehörde, das Synhedrium, von dieser Erscheinung, und der Mann wurde aufgefordert, nach Jerusalem zu kommen. Vielerlei Volk schloß sich ihm nun an; es war schon ein Triumphzug, den er unternahm. Es ist Ihnen aus vielen Darstellungen jene Scene bekannt, wo Josua aus Nazareth vor dem Synhedrium steht und auf die Frage: „Bist du der König der Juden?" antwortet: „Du sagst es." Es scheint also bereits in ihn damals der große Gedanke gekommen zu sein, daß er selbst berufen sei, jener Messias seines Volkes zu werden. Pontius Pilatus erkannte die Gefahr für Rom und trug dem

Synhedrium auf, über ihn zu urtheilen. Er wurde ans Kreuz geschlagen — eine Todesart, welche bekanntlich bei den Juden niemals vorkam. Der Talmud erzählt uns, daß ein Synhedrium während seines ganzen Bestandes überhaupt niemals einen Mann zum Tode verurtheilt habe — und unter allen Todesarten, welche von dem Synhedrium vorgeschrieben wurden, hat sich nicht diejenige des „ans Kreuz Schlagen" befunden.

Die Schädelstätte von Golgatha ist der Ursprung einer Tragödie geworden, welche für das israelitische Volk überaus verhängnißvoll wird. Aus Josua ha-Nozri ist Jesus Christus geworden, dessen Nachfolger, die Apostel, die Religion stifteten, welche auf dem Judenthum basirt, und welche sie später von ihm nicht nur loslösen und trennen wollten, sondern mit der sie gegen die eigene Mutterreligion gar oft feindlich vorgingen. In jener Zeit blieb dieses große Ereigniß ziemlich unbemerkt. Die beiden einzigen Schriftsteller derselben, Philo und Josephus, erwähnen gar nicht den Namen Christus. Er ist also in seiner Zeit unbeachtet gewesen oder als einer jener frommen Propheten betrachtet worden, wie gar oft derartige zu jener Zeit in Jerusalem aufgetreten sein mögen.

Und bald nach dieser spielte sich noch eine andere Tragödie auf dem Boden des heiligen Landes ab, nicht minder furchtbar und erhaben: die Belagerung von Jerusalem und die Zerstörung des Tempels durch die Römer! Die Stadt war schon lange die Beute erbitterter Parteikämpfe, als Titus im Jahre 70 mit gewaltiger Heeresmacht vor derselben erschien. Und nun begann ein Kampf auf Leben und Tod, um so schwerer, als sie selbst dem Feinde nicht einig waren. Die verschiedenen Parteien: die Reichen und vornehmen Priester (Sadducäer), die Schriftgelehrten (Pharisäer), die Führer und Zeloten (Kanaim), kurz, alle die Parteien, die schon seit alter Zeit sich befehdeten oder die während des Kampfes entstanden waren, hatten auch jetzt ihre besonderen Ziele, ihre besonderen Interessen. Wir staunen, wenn wir heute die Zahlen und Geschichten aus diesem Kampfe sehen. Die Zahl der Gefangenen betrug 97 000; etwa 12 000 starben während der Belagerung vor Hunger; die Zahl der Menschen, welche während des Krieges umgekommen waren, wurde auf 1 100 000 berechnet. Am 10. Ab war es, daß ein Römer den Feuerbrand in ein nördliches Seitengebäude des Tempels geworfen hatte. Mit rasender Wuth griff die Flamme um sich, die Römer folgten nach und bald war der ganze Tempelberg ein ungeheures Flammenmeer, angesichts dessen das Triumphgeheul der siegenden Römer und das Wehklagen der besiegten Juden sich zu einer seltsamen Melodie vermischten. Noch in der letzten Tempelhalle wurden 6 000 unbewaffnete Männer, die sich dahin gedrängt hatten, verbrannt.

Aber auch die Sieger hatten große Verluste. Sie hatten heftig zu kämpfen um die Mauern und Ringwälle dieser Stadt, mit der trotzigen Kraft ihrer Bewohner. Wäre nicht der alte Erbfehler, die innere Uneinigkeit der Juden, gewesen, wer weiß, wie lange das Heer Vespasians und Titus' vor den Mauern Jerusalems hätte stehen müssen! Von den uneinigen Parteien waren die Zeloten diejenigen, welche darauf drangen, den Krieg solange fortzusetzen, bis alle Mittel erschöpft seien, die anderen wollten eine Uebergabe, um sich mildere Bedingungen zu verschaffen. So wurde Jerusalem schließlich eine Beute der Römer.

Es ist eine merkwürdige Erzählung aus dieser Zeit der Zerstörung Jerusalems uns erhalten. In dem Moment, wo der letzte Hohepriester vom Tempelberge sah, daß die Legionen des Titus den Berg hinaufritten zum Heiligthum des Herrn, da wußte er, daß Israels und des Tempels Ende gekommen sei, und er nahm den goldenen Schlüssel, der zum Allerheiligsten führte, und reichte diesen Schlüssel in die Wolken. Und eine Hand neigte sich aus den Wolken herab und nahm den Schlüssel an sich. Das ist eine Sage. Aber was wollten jene Männer, die diese Sage im Talmud mittheilten, damit andeuten? Sie wollten sagen, daß Israels Mission nunmehr eine andere geworden, die nicht mehr an den Tempel und an das Vaterland geknüpft war, sondern daß es nun seine Aufgabe war, zu werden, was seine Propheten ihm verkündigt hatten: ein Zeuge der Völker für den Glauben an einen einig-einzigen Gott, an das ewige Sittengesetz vom Sinai, ein Zeuge zu werden für die Wahrheiten des Judenthums.

Und nun begiebt sich das Wunderbare! Ein Volk zieht aus seiner Heimath hinweg und nichts nimmt es mit sich, nicht ein Stäubchen Asche vom heiligen Lande, nicht ein Steinchen von des Tempels Herrlichkeit, nur ein Buch, ein einziges Buch, seine Bibel, welche ihm Hort und Schutz gewesen ist in glücklichen Tagen, und nun zieht es über Blut und Völker, über Thränen und Throne hinweg, durch Tyrannenmacht und Feindesmassen, immer nur mit diesem Buche. Dieses Buch trägt Israel und sein Geschick. So zieht es aus dem heiligen Lande, um sich eine neue Heimath zu suchen.

Dritter Vortrag.

Noch einmal muß ich Sie nach dem alten Jerusalem und auf den Boden, wo die größten Ereignisse unserer Nationalgeschichte sich abgespielt haben, zurückführen. In dieser entsetzlichen Zeit, in der so viele tausende Juden durch den Tod abgegangen sind und der Rest des Volkes in die Verbannung zog, in dieser Zeit spielte sich ein Ereigniß ab, welches damals wohl völlig unbeachtet geblieben ist, das aber für die künftige Entwickelung des Judenthums von ausschlaggebender Bedeutung geworden ist. Durch die Straßen der der alten Zionsstadt bewegt sich nämlich ein Leichenzug, es sind Schüler, die ihren Lehrer zu Grabe tragen. Man läßt den Zug unbehindert passiren, denn einer Leiche wollen auch die römischen Machthaber nichts anthun; selbst die Wache am Stadtthore läßt die Leiche ziehen. Und, kaum ist dieser Zug aus der Stadt heraus, aus dem Jerusalem der rasenden Zeloten und der verzagenden Friedensfreunde, da stellen die Schüler den Sarg nieder, öffnen den Deckel, und aus dem Sarge steigt ein alter Rabbi, — lebendig: Rabbi Jochanan ben Sakkai. Er mußte sich auf diese Weise hinausführen lassen aus der heiligen Stadt, die die Römer belagert hielten, um seinen Plan auszuführen. An der Spitze seiner Schüler zieht er nun ins feindliche Lager hinein, direkt vor den römischen Befehlshaber, vor Vespasian.

Dieser, dem die Gestalt des ehrwürdigen Rabbi imponirt, fragt ihn, was sein Begehr, und da er guter Laune ist, gestattet er, der Rabbi möge sich etwas erbitten von ihm. Und was hat jener Rabbi sich erbeten? Er bat nicht um Schonung Jerusalems, nicht um Schonung des Tempels oder seiner eigenen Familie. Er hatte nur eine Bitte an den stolzen römischen Kaiser: „Laß' mich in Jabneh eine Schule gründen!" Verwundert sieht ihn der Römer an, er lacht des jüdischen Mannes, der in dieser Stunde kein anderes Begehr hat, und er nickt ihm freundlich Gewährung zu. Und Jochanan zieht nun an der Spitze seiner Schüler nach Jabneh, sechs Meilen von Jerusalem entfernt, einer kleinen Stadt am Meere. Der stolze Römer ahnte nicht, daß die griechischen Museen, die Pyramiden Aegyptens, die Tempel Roms, die großen Ritterburgen des Mittelalters in Staub und Asche gesunken sein werden, wenn die Lehre Jochanans aus Jabneh noch bestehen wird, welche von dort aus in alle Welttheile verbreitet worden ist.

Jochanan sah es wohl ein, daß nunmehr eine andere Zeit gekommen war, daß Israel eine andere Aufgabe hatte. In einer Zeit, wo es schien, daß nunmehr der Fluch sich erfüllt habe, der Israels Untergang verkündete, sammelte er in Jabneh alle verfügbaren Kräfte. Er lehrte die Idee, daß der Opferdienst nicht mehr aufrecht zu halten sei, daß an Stelle des Opfers das Gebet treten müsse, daß das Judenthum nunmehr eine neue Aufgabe habe, hinauszugehen unter die Menschen, unter die Völker, um diesen den Glauben an einen einig-einzigen Gott zu verkünden. Von Jabneh aus hat sich das Judenthum reconstruirt. Ohne daß Jochanan ein Fürst oder ein Priester gewesen wäre, wirkte er nur durch seinen Geist, durch sein Wissen, durch sein Beispiel, anfeuernd und belebend auf seine Schüler und auf die Reste des zerstreuten Volkes. So ging es auch seinem Nachfolger Gamaliel, und nun folgt eine Reihe von Lehrern, die immer in demselben Geiste fortwirkten. Einer der erleuchtetsten von ihnen, einer der frömmsten zugleich war der Mann, dessen Name vielen von Ihnen bekannt ist, Rabbi Akiba.

Er sah die Aufgabe Israels auch in seiner geistigen Mission. Doch noch ein anderes Ziel und auch eine andere Sehnsucht hatte er. Er hatte die politischen Hoffnungen auf Wiederherstellung des Nationalstaats noch nicht aufgegeben, während Jochanan schon Jerusalem begraben hatte. Vielleicht wäre es, wie er glaubte, doch noch möglich, den Tempel wieder aufzubauen. Akiba wurde ein großer politischer Agitator. Das Wesentlichste aus seinem Leben ist uns allerdings nicht bekannt. Er soll bis zu seinem 40. Jahre bei einem reichen Juden Kuhhirt gewesen sein. Es wird erzählt, daß sich die Tochter dieses reichen Mannes in den Kuhhirten verliebt habe, aber der Vater wollte sie ihm nicht geben. Darauf zog Akiba nach Babylon und fing an zu lernen und zwar so, daß er nach einigen Jahren als gefeierter Lehrer wiederkehrte und die Tochter Kalba Sebua's heimführen konnte, die auf ihn gewartet hatte. Akiba unternahm nun große Agitationsreisen.

Auf einer dieser Reisen begegnete er einem Manne, der durch sein Aeußeres, durch seine kraftvolle und wunderbare Erscheinung ihn dermaßen fesselte, daß er wie traumverloren ihn lange ansah und dann zu ihm sagte: „Ein Stern ist aufgegangen in Jakob! Du wirst der Erlöser, Du wirst der Messias werden." Sein Name war Bar-Kochba und Akiba huldigte ihm als dem neuen König.

Er erfüllte auch die auf ihn gesetzten Hoffnungen und sammelte ein großes Heer, und nun setzte er sich in Betar, einem Felsenneste, fest und von dort aus begann von Neuem ein Verzweiflungskampf gegen die römische Uebermacht, wie ihn Rom noch nicht bestanden hatte, gegen den selbst die Belagerung Jerusalems in den Hintergrund trat.

Drei Jahre wurden die stolzen Römer vor den Mauern von Betar festgehalten und auch dann erst soll die Festung durch Verrath gefallen sein, und zwar waren es die alten Erbfeinde der Juden, die Samaritaner, welche den Feinden die nicht bewachten Eingänge zur Festung verriethen. Durch diese Eingänge zogen sie an einem Sabbath in die Festung ein; Bar-Kochba selbst hat wahrscheinlich in dieser Schlacht den Tod gefunden, denn es ist nicht mehr von ihm die Rede. Jetzt ist die Volkskraft für immer gebrochen, Jerusalem soll zu einer Ackerstätte gemacht werden; am 9. Ab, an dem Tage, da es zerstört worden, ging ein Pflugschar über den Tempelplatz und später wurde ein Heiligthum des Jupiter darauf errichtet. Der Name Jerusalems sollte ausgemerzt werden, es hieß statt dessen „Aelia Capitolina". Des Kaiser Hadrians Haß richtete sich vor Allem gegen den Rabbi Akiba. Dieser und sieben andere, oder, wie die Sage lautet, zehn Märtyrer wurden auf einen freien Platz geführt und dort unter den gräßlichsten Qualen hingerichtet. Vor seiner Hinrichtung sprach Akiba die Worte: „Höre Israel, der Ewige, unser Gott ist ein einig einziger Gott!" Und so starb er, aber mit ihm starb nicht die Kraft, welche Israel erhalten hat. Sie ging nur auf einen andern Boden über; sie entfaltete sich in Babylon mehr noch als in Jerusalem. Die politische Geschichte Israels schließt mit dem tragischen Fall von Betar, der ja vielen Dichtern Stoff zu Epen, Balladen und Trauerspielen gab. Sie ist nur noch eine Geschichte der Leiden und Verfolgungen. Sie concentrirt sich nicht mehr auf einen einzigen Boden, denn Israel wandert jetzt in alle „vier Enden der Welt", überall hin, wo Menschen wohnen.

Die Geschichte der Juden ist fortan eigentlich nur noch ihre Literatur; sie erhalten sich nur durch ihr geistiges Leben, durch das Grundbuch ihres Lebens, durch ihre Bibel. Die Bibel ist das Vaterland der Juden; sie würden ohne sie ruhelos umhergeirrt sein; mit ihr fanden sie überall eine Heimath, ein Vaterland, das sie gastlich aufnahm.

Diese geistige Thätigkeit der Juden ist es nun, welche fast ein halbes Jahrtausend ihre volle Kraft in Anspruch nimmt, bis jenes Riesenwerk entsteht, der Talmud, der Niederschlag der Arbeit eines halben Jahrtausends, an dem mehr als dreißig Generationen gearbeitet haben, die hervorragendsten Lehrer, in Babylon vor Allem, wo sie ein freieres, ungezwungeneres und gesellschaftlich angesehenenes Leben führen durften.

Der Schwerpunkt des Judenthums lag bis zum Jahre 500 in Babylon. Aber die Juden waren schon weithin gewandert. Wir hören, daß sie schon damals in Deutschland lebten, wir hören von einem jüdischen Bischof Simon in Metz; am Ende des dritten Jahrhunderts lesen wir von einer jüdischen Gemeinde in Köln am Rhein, zu derselben Zeit waren auch schon in anderen Gegenden am Rhein jüdische Ansiedlungen. Es fehlt nicht an vielen Beweisen, daß die Juden am Rhein früher gewesen sind als die Germanen, welche ihnen später und bis in die neue Zeit so oft den Rhein als ihr Vaterland streitig machen wollen. Und ebenso an dem „entgegengesetzten Ende" der Erde hören wir von großen jüdischen Königreichen in Süd- und Nordarabien. Dort leben mächtige Könige, welche durch irgend einen Zufall über die ganzen Bergvölker sich das Scepter errungen haben und mit denen zusammen jene Völker zum Judenthum übergetreten sind; ebenso hören wir von Juden, die bereits damals in Spanien leben und nicht weniger von solchen in Mittel-Arabien.

Dort sind sie so angesehen, daß, als eines Tages in Mekka ein Mann aufstand, um den schweifenden Ideen, welche die Araber bis dahin über die Religion hatten, eine feste Form zu geben, dieser zuerst mit den Juden in Mekka und später in Medina Anknüpfung suchte. Als er in die Synagoge kam und die Juden nach Osten blickend fand, rieth er seinen Stammesgenossen es ebenfalls zu thun. Es war Mohammed. Er suchte die Juden für sich zu gewinnen; er war ebenso fanatisch wie schlau, und die Juden jener Stadt hüteten sich vor ihm. Sie hatten sich mit aller Kraft ihren Glauben erhalten und nun wollten sie ihn dem fanatischen Schwärmer nicht opfern. Aber es fanden sich doch solche unter ihnen, die ihm folgten, und Sie wissen, welchen Erfolg seine fanatische, schwärmerische, für die Phantasie und den Geist der Araber vorzüglich berechnete Weltanschauung hatte. Aus ihr ist der Islam entstanden.

Die Juden hatten sich aber im Kreise der Araber so eingelebt, daß sie schon damals ebenso gut arabisch schrieben und dichteten, wie sie vor 800 Jahren griechisch, und wiederum 800 Jahre vorher in Babylon aramäisch und vor abermals 800 Jahren in Palästina hebräisch geschrieben hatten. Darin liegt ein Hauptfaktor für die Theilnahme der Juden an der Kultur der Menschheit. Ueberall, wohin sie kamen, gleichviel ob am Saume der Wüste oder in deutschen Ländern, gründen sie zuerst Schulen, nicht Synagogen und Bethäuser, erst Schulen, denn sie wissen, daß das Einzige, was sie erhalten hat in ihrer Verbannung und Zerstreuung, der Geist gewesen ist, welcher aus der Schule hervorging. „Auf dem Hauch, der aus den Schulen hervorströmt, beruht die sittliche Weltordnung", sagte der Talmud.

Der Islam aber entfaltete sich mächtig und kräftig mit einer Wirkung, welche weithin sich erstreckte über den ganzen Orient, und wenn die Araber in ihren Zelten saßen an schönen Sommerabenden, dann erzählten sie sich wohl auch die Legende von einem Manne, der das Ideal aller Gastfreundschaft und Tapferkeit gewesen ist, und dieser Mann hieß Samauel ben Abdijah und war ein Jude. So angesehen waren die Juden, nachdem sie kaum in Arabien festen Wohnsitz genommen hatten. Und in den Dichtungen, welche wir vor Mohammed besitzen, zum Lobe der Gastfreundschaft wurde vor Allem die Kasside des Samuel von den Arabern citirt, wenn sie die Gastfreundschaft und den Muth preisen wollten. Ja selbst unter denen, welche das Werk Mohammeds verbreiteten, waren jüdische Dichter und Dichterinnen; von einigen besitzen wir noch artige Epigramme und Gedichte. Sie sind alle so von dem Geiste des freien Arabiens durchdrungen, daß, wäre uns nicht von Späteren aufbewahrt worden, diese Gedichte seien von Juden, wir auch keine Ahnung davon hätten.

Aber es sollte anders kommen; denn in dem Maaße, wie Mohammed sah, daß die Juden ihm nicht folgten, trat er den Rückzug an und er begann nunmehr die Juden zu verfolgen. Er schrieb die 29. Sure im Koran, welche gegen die Juden gerichtet war, er verbot seinen Gläubigen, gegen Osten sich zu wenden.

Zum zweiten Male mußte Israel erleben, daß eine aus seinem Schooße hervorgegangene Tochterreligion sich vor allem gegen es selbst wendet. Denn wie die römische Weltmacht unterging und das Christenthum zur selbständigen Macht gelangte, so vereinigten sich das Kreuz und der Halbmond, um Israel zu bekämpfen und zu unterdrücken. Vielleicht war es eine schlechte Politik, welche Mohammed damit getrieben. Das Christenthum hatte an sich ein gutes Recht dazu, denn seine ganze Existenz war darauf gebaut, daß es allein die Wahrheit besaß. War dieser Anspruch berechtigt, dann durfte kein Jude mehr existiren, der dagegen zeugen konnte. Der letzte und verachtetste Jude war dann ein lebendiger Zeuge gegen das Christenthum und darum mußte er ausgerottet werden.

Schon die ersten Kaiser, welche sich zum Christenthum bekannten, fingen mit diesem Beispiel an. Constantinus war der einzige, der sich diesem Beispiel nicht anschloß. Julianus Apostata hatte noch einmal den kühnen Traum, Jerusalem wieder aufzubauen. Er brachte dies den Juden zur Kenntniß, doch wurde der Versuch dazu schon nach kurzer Zeit wieder eingestellt. Die anderen Kaiser wie die deutschen, spanische Könige wie die Westgothen, sie alle vereinigten sich in dem einen Ziele, in dem einen Wunsch, das Judenthum zu unterdrücken und zu verfolgen.

Es ist ihnen nicht gelungen. Denn in diesen halsstarrigen Juden lebte eine geistige Kraft, welche nicht zu vernichten war. Wäre Israel eine politische Macht geblieben, unzweifelhaft wäre es dem Ansturm der vereinigten Weltmächte erlegen. So aber, was konnte man den Juden nehmen? Es blieb ihnen immer ihre geistige Kraft, und aus der Asche jedes Scheiterhaufens stieg neu gekräftigt der jüdische Geist, oder, wie die Gegner sagten: der jüdische Trotz, d. h. die jüdische Lehre. Nicht die Mönche allein haben die Wissenschaft durch die Fluthen der Völkerwanderung getragen, sondern auch die Araber und mit ihnen die Juden. Ohne die Araber und die Juden wären in jenen dunklen Jahrhunderten vom Tode Christi bis zum Jahre 900 vielleicht viele Wissenschaften untergegangen. Vornehmlich waren es die Astronomie und Geometrie, Arzneikunde, Theologie und Philosophie, welche von den Arabern und den Juden damals behandelt und erörtert, aus dem Syrischen und Griechischen ins Arabische und Hebräische übersetzt und dadurch für die Cultur des Occidents zugänglich gemacht wurden.

Es ist noch lange nicht genug beachtet, welche Bedeutung die Juden gerade damals für die Cultur der Menschheit gehabt haben. Eine alte Sage erzählt in naiver und harmloser Weise, daß die Heilkunde mit allen Recepten und Verordnungen schon dem Adam im Paradiese vom lieben Gott mitgetheilt worden sei und Vater Noah sie in seine Arche mitgenommen habe. Doch ist es eine geschichtliche Wahrheit, was der größte Historiker der Medicin sagt: „Die Wissenschaft der Medicin ist ohne die Thätigkeit der Juden überhaupt nicht zu denken." Auf jedem ihrer Blätter sind die Großthaten von Juden verzeichnet. Juden waren die Lehrer der Medicin an den ersten europäischen Hochschulen zu Montpellier und Salerno. Isaak Israeli, der im 9. Jahrhundert lebte, schrieb bereits über das Fieber eine Abhandlung. Als spätere Aerzte dieses Buch aufschlugen, sahen sie mit Erstaunen, daß die moderne Medicin keine andere Diagnose für Fiebererscheinungen hatte, als sie jener Arzt vor fast tausend Jahren am Saume der Wüste niedergeschrieben. Ein Jude hat zuerst die Strahlenbrechung des Lichtes erforscht, ein Jude hat die Pflanzenkunde des Dioskorides, auf welcher sich die ganze Botanik aufbaut, nach Europa gebracht, ein Jude hat das erste Lehrbuch der Geometrie in Europa geschrieben. Wir werden von anderen geistigen Großthaten der Juden noch in der Schilderung des nächsten Zeitraumes hören.

Denn die Juden hatten inzwischen ein neues Vaterland gefunden, welches ihnen sich öffnete und welches ihnen nunmehr gestattete, eine Zeit lang friedlich ihrem Erwerb und ihren geistigen Schöpfungen nachzugehen. Die Schilderung dieses Zeitraumes erspare ich mir für den nächsten Vortrag. Heute noch eine kurze

Betrachtung über eine seltsame Erscheinung, welche gerade in jener Zeit das Judenthum mächtig erregte. Wiederum trat ein Mann aus seiner Mitte auf, der, wenn ich so sagen darf, reformirend auf das Judenthum einzuwirken suchte. Er hieß Anan. Er meinte, es sei zu viel, was in dem Talmud und in den Religionsgesetzen unseres Glaubens aufgeschrieben sei, das sich entferne von dem Wortsinn der Schrift. „Leset die Schrift" -- mit diesem Motto sammelte er Anhänger, und die letzteren mehrten sich, je schwerer ihnen die Last des Gesetzes erschien. Sie sagten sich los von ihren Glaubensbrüdern und nannten sich Karäer. In der ersten Zeit schien es, als sollte diese Sekte dem Judenthum gefährlich werden. Sie nahm einen großen Aufschwung und aus der Art und Weise, wie die Großen in Israel ihre Angriffe auffaßten, sehen wir, wie gefährlich sie ihnen erscheinen mochte. Im 9.—12. Jahrhundert mag sie wirklich bedeutend gewesen sein. Das, was sie bezweckte, ist aber doch in der Folge ins Gegentheil umgeschlagen. Sie wollten dem Judenthum den Zwang des Buchstabenglaubens auferlegen — ein neuer Beweis dafür, daß der Talmud allein der Freibrief des Judenthums gegen jede geistige Knechtschaft war, ein Zeugniß dafür, daß im Judenthum die Tradition in einem beständigen Fluß geblieben ist. Sie haben sich vom Talmud losgesagt und sind Sklaven des Schriftwortes geblieben. Zu einer Bedeutung ist die karäische Sekte im Judenthum nirgends gelangt. Nur noch wenige hundert leben in der Krim und in Südrußland; ihr Mittelpunkt ist Tschufut Kale, eine Felsenstadt, wo sie ihren uralten Friedhof haben. Sie sind die größten Feinde der Juden; alle Denunciationen gegen die Juden in Rußland sind von ihnen ausgegangen. Zum Dank dafür hat die russische Regierung sie emancipirt, während die anderen Juden dort in trauriger Lage schmachten. Für das geistige Leben Israels sind sie ohne jede Bedeutung geblieben, sie haben dem Judenthum nicht geschadet, noch weniger genützt.

Aber schon lange vor den Karäern lebten Juden in Rußland und zwar bestand dort ebenfalls ein großes jüdisches Königreich. Denn an einem Tage trat der König der Chazaren auf irgend eine Veranlassung zum Judenthum über; mit seinem König Bulan nahm das ganze Volk das Judenthum an. In Spanien, wo die Juden damals ein neues Vaterland fanden, hatte sich die Nachricht weit verbreitet, daß im Norden ein jüdisches Königreich bestände und, da die Juden die Hoffnung auf den Messias nicht aufgaben, so stand ihnen plötzlich der Traum vor der Seele: Vielleicht ist der König jenes Landes, vielleicht ist er der Messias, vielleicht wird der uns zurückführen nach dem heiligen Lande! Und einer der Besten schrieb einen Brief an den König der Chazaren, der noch erhalten ist und uns mancherlei Nachricht giebt.

Die Weltgeschichte treibt ein seltsames Spiel; sie arbeitet nicht nach bestimmten Gesetzen, und Keime gehen an entgegengesetzten Orten auf, um dann plötzlich wieder zu verschwinden. Eine Sage erzählt, daß der Großfürst von Kiew, Wladimir Monomachos, eines Tages, als er mit den alten Göttern aufräumen wollte, einen christlichen Geistlichen, einen heidnischen Priester und einen jüdischen Rabbiner kommen ließ, damit er nach ihrer Disputation sich entscheiden könne, welche Religion er mit seinem Volke annehmen solle. Das Christenthum trug den Sieg davon, sonst wären heute die Russen — Juden!

Die Geschichte dieses Zeitraumes schließt wieder mit einem merkwürdigen Ereigniß ab. Die Hochschule zu Sura in Babylon pflegte alljährlich einige Gelehrte in die Länder der Diaspora zu schicken, um bei wohlhabenden Glaubensgenossen die Mittel zu erbitten zur Weitererhaltung der Hochschule. So schickte sie wieder einmal vier Männer am Ende des Jahrtausends aus, aber das Schiff, auf welchem die Gelehrten ihre Fahrt antraten, ging unter. Drei von ihnen wurden gerettet und als Sklaven verkauft. Der eine kam nach Kairo, der andere nach Kairowan und der Dritte nach Spanien. Der eine wurde der Begründer des Talmudstudiums in Kairowan, der andere brachte die Schätze des alten Geisteslebens nach Spanien und wurde dort der Begründer des Talmudstudiums. Denn in Spanien hatte Israel ein neues Vaterland gefunden, wo die Juden das Beste geleistet, was sie der Cultur der Menschheit je geboten haben.

Vierter Vortrag.

Aus unserem kalten, schneeigen Norden führe ich Sie heute, meine Damen und Herren, in das sonnige Land des Weins und der Gesänge, nach Spanien. Von allen Ländern des Continents ist keines, welches den Blick des Beschauers in der Geschichte des Mittelalters so fesselt wie Spanien. Es ist, als wäre dieses Land durch unsichtbare Fäden der Sympathie schon mit dem jüdischen Geistesleben in uralten Tagen verbunden gewesen und immer verbunden geblieben. Schon in uralten biblischen Zeiten haben die Israeliten mit Spanien Verbindung gehabt; der Prophet Jona flüchtet sich nach Tartessus (Tarschisch), einer kleinen Stadt Spaniens. Sie hatten Handelsverbindungen dorthin, und auch später, nach der Zerstörung Jerusalems, unterliegt es keinem Zweifel, daß sich sehr viele Juden dahin gewandt haben. Mit den Römern kamen sicher viele nach Spanien und auch später unter den Westgothen. In den ersten vier Jahrhunderten lebten die Juden dort unangefochten, sie leisteten Kriegsdienste und wurden im Staatsdienste angestellt, so lange sich die Westgothen noch zum arianischen Glauben bekannten. Dies änderte sich jedoch, als sie katholisch wurden. Da fingen die Bedrückungen an und eine Fülle von Verfolgungen, von Schmerz und Unheil kam über die Juden. Doch auch dies änderte sich an einem Tage. An einem sonnigen Julitage des Jahres 711 wurde die Sachlage wie mit einem Schlage eine andere. Sie wissen, daß der Islam wie ein Sturmwind nicht nur durch die Wüste, sondern durch alle Länder Afrikas dahin brauste. Kaum ein Jahrhundert war vergangen, da hatte sich die neue Religion Nordafrika unterworfen und nun zog sie über jene schmale Meerenge, die Europa und Afrika trennt, über Gibraltar nach Spanien. In jener denkwürdigen Schlacht bei Xeres de la Frontera besiegten und vertrieben die Araber die Westgothen. In dieser Schlacht sollen sich die Juden sehr hervorgethan haben; andere sagen wieder, daß die Juden den Arabern Spionendienste geleistet hätten und zum Lohn dafür von jenen bevorzugt wurden. In jedem Falle begann für Spanien eine neue glückliche Blütheperiode. Araber und Juden haben im Verein das Herrlichste und Schönste geschaffen, was das Mittelalter geboten, und mit Vorliebe verweilt der Dichter und Künstler in jener Zeit. Wenn Menschenstimmen schweigen, so würden tausend Steine reden und Zeugniß ablegen für jene glückliche Verbindung. Kunst, Poesie und Wissenschaft, welche durch diese Völker so wunderbar gefördert wurden, fingen nunmehr an zu blühen. Kaum zwei Jahrhunderte sind vergangen, da beherrscht Abdur-Rahmann III. ganz Spanien, das Zeichen des Halbmondes ist aufgepflanzt in allen großen Städten, in Lucena wie in Toledo, in Sevilla wie in Granada. Dieser Herrscher hatte einen jüdischen Großvezier, einen Minister Namens Chasdai ibn Schaprut. Ich hatte ihn bereits erwähnt als den Mann, der, als er von einem großen jüdischen Königreich im Norden hörte, jenen berühmten Brief geschrieben, in dem er sich beim König der Chazaren darnach erkundigte, der uns noch erhalten geblieben ist. Dieser Mann war der Günstling des Chalifen, und es wird uns Wunderbares erzählt von seiner Staatskunst, von seiner wissenschaftlichen Bedeutung und von seiner Liebe zum Judenthum. Zweimal hat sich seine Staatskunst erprobt: Das erste Mal, als er der Führer einer Deputation war, welche der Chalif an den byzantinischen Kaiser schickte, hat die Diplomatie des Chasdai einen Sieg davongetragen. Er begnügte sich nicht mit dem politischen Siege und brachte ein Buch nach Europa mit, welches, wenn wir es nicht besäßen, ein unersetzlicher Verlust für uns gewesen wäre, nämlich die Pflanzenkunde des Dioskorides, auf welcher sich die ganze Wissenschaft der Botanik des Mittelalters aufbaut. Und noch einmal hat sich seine Staatskunst erprobt. Der Chalif wollte ihn mit einer Deputation an den deutschen Kaiser Otto I. schicken. Es ist nicht bekannt, weshalb Chasdai nicht mitgegangen ist, er hat aber durch seine Kunst den Frieden und eine Verbindung zwischen dem deutschen Kaiser und dem Chalifen hergestellt, die ihm die Zufriedenheit beider Fürsten eintrug. Ein solcher Mann war ein glaubenstreuer, frommer Jude, ja, noch mehr, ein Jude, der die Bestrebungen, welche sich damals auf allen Gebieten des jüdischen Lebens zeigten, und die Keime der Wissenschaft des Judenthums mächtig zu schützen und zu fördern wußte. Die Araber, welche dem Islam huldigten, waren in dieser Beziehung, was Wissenschaft und Kunst anbelangt, ein glückliches Volk. Sie waren voraussetzungslos, unbeirrt von allen Traditionen konnten sie rein und ausschließlich ihren Zielen nachgehen. Griechisch haben sie wohl nicht verstanden und Hebräisch auch nicht, sie glaubten aber an einen unsichtbaren Gott, den Schöpfer des Himmels und der Erde. Dies hatten sie durch Mohammed aus dem Judenthum aufgenommen; im

Uebrigen waren sie in religiöser Beziehung vorurtheilslos; sie wollten das Heidenthum bekämpfen, aber gegen das Judenthum und Christenthum hatten sie kein Vorurtheil. So war es ein Glück, daß sie in jener sonnigen Zeit in Spanien in eine geistige Verbindung mit den Juden traten. Die Juden verstanden Griechisch, und nun waren sie es, welche die ganzen Werke der Wissenschaft von den Griechen und Syrern mit den Arabern ins Arabische, später allein ins Lateinische übersetzen. Zu dieser Uebersetzungsthätigkeit der Juden, welche erst seit einigen Jahren durch den hingebenden Fleiß eines einzigen Gelehrten, der ganz erstaunlich ist, der kaum für zehn Menschenleben ausreichen würde, fast ganz an das Tageslicht gekommen ist, fand sich eine Schaar von etwa 200 Männern, Aerzte, Mathematiker, Astronomen, Philosophen, Dichter, deren ganzes Bestreben dahin ging, die hervorragendsten Werke der Philosophie, der exakten Wissenschaften und der schönen Künste ins Arabische zu übersetzen. So weit geht diese Verbindung, daß es heute noch große Mühe macht, zu unterscheiden, ob der Uebersetzer eines Buches ein Jude oder ein Araber ist. Sehr oft wurde dies gar nicht erwähnt, wenn es nicht der Autor selbst that. Hervorragende Werke der Poesie sind erst durch die Hilfe der Juden aus den Schätzen Indiens, Persiens und Arabiens auf unsere Litteratur gekommen, so daß ein neuerer Forscher mit Recht behauptet, daß der Grundstock aller Romane, Novellen, Fabeln, Märchen und Balladen ihren Urgrund und ihre Wurzeln in jenen wenigen Büchern habe, vielleicht sechs bis acht, welche damals durch Araber und Juden aus der sonnigen Pracht des Orients, aus den blumengeschmückten Fluren Indiens und Persiens nach Europa gebracht und so vor der Vergessenheit gerettet wurden. Noch wichtiger als diese Thätigkeit ist ihre wissenschaftliche Arbeit. Der größte Denker des griechischen Alterthums war bekanntlich Aristoteles. Seine Philosophie war berufen, das ganze Mittelalter zu beherrschen; er war der Alleinherrscher auf dem Thron der Weltweisheit und es soll uns immer als ein Ruhmestitel gelten, daß er diese Alleinherrschaft auch den Juden mit zu verdanken hatte. Die Araber hätten sich mit seiner Philosophie kaum befreunden können, wenn sie ihnen nicht durch das Medium des jüdischen Geistes bekannt geworden wäre. Die arabische Philosophie war eigentlich streng genommen eine atheistische. Es wäre nicht möglich gewesen, daß die Philosophie des Aristoteles als eine Versöhnung von Religion und Vernunft zur Herschaft gekommen wäre, wenn nicht jüdische Denker gewesen wären, die diese Verbindung übernommen hätten. Die Juden übersetzten die Werke des Aristoteles und anderer Denker aus dem Griechischen ins Arabische; zweihundert Jahre später übersetzten sie sie ins Lateinische, als sich die Zeiten dort geändert hatten. Und merkwürdig, nachdem dieser sonnige Blüthentraum der spanischen Periode verrauscht und eine tiefe Grabesnacht der Unwissenheit und der Mystik sich auch über das jüdische Lager ausbreitete, da kamen wieder jüdische Uebersetzer und übertrugen alle diese Werke aus dem Lateinischen ins Hebräische zurück — eine so merkwürdige Wechselwirkung, daß sie für den Kulturhistoriker eine der wunderbarsten Erscheinungen ist. Und ebenso schaffen sie auf dem Gebiete der Mathematik, auf dem Gebiete der Astronomie, auf dem Gebiete der Medicin, kurz aller Wissenschaften, welche damals geltend waren und gekannt wurden, Hervorragendes, Bedeutendes, zum Theil Bahnbrechendes. Das Merkwürdigste aber für uns ist, daß alle diese Männer fromme Juden waren. Der Jude war damals gleichberechtigt im Kreise der Spanier, er nahm Theil am Turnier, an ihren Waffenübungen, er diente im Heere, er war angesehen am Hofe, und bei den Sängerwettstreiten traten auch jüdische Dichter in der Alhambra auf.

Da ist es denn merkwürdig, meine Damen und Herren, und das verdient wohl am meisten beachtet zu werden, daß sie trotzdem Juden geblieben sind dem Geiste, dem Empfinden, dem Glauben, der Ueberzeugung nach. Die Juden förderten nicht nur damals eine Blütheperiode des allgemeinen Geisteslebens auf dem Gebiete der Künste und Wissenschaften, sondern auch im jüdischen Geistesleben, wie sie nie wieder erreicht worden ist, und, wie ich fürchte, nie wieder erreicht werden wird. Die hebräische Poesie treibt neue Blüthen und wie einst an den Ufern des Jordan erklingt wieder die Harfe von Zion in neuen, lieblichen Accorden.

Die drei größten Dichter sind: Salomo Gabirol, Mose ben Esra, Jehuda Halevi. Mit Salomo Gabirol beginnt die Blüthezeit, mit Jehuda Halevi erreicht sie ihren Abschluß. Letzterer ist der Dichterfürst dieser ganzen Epoche, in dem alle Strahlen zusammentreffen, welche diese Periode beleuchteten. Er ist ein vielbeschäftigter Arzt in Saragossa, er ist nebenbei ein hervorragender Philosoph, und wir besitzen ein Werk von ihm, in welchem er die Uebereinstimmung zwischen Religion und Vernunft sehr verständig behandelt. Er ist beliebt in der Stadt, in der Gemeinde, und, da er 50 Jahre geworden ist, nimmt er doch den Wanderstab zur Hand und verläßt den Kreis seiner Schüler, seine Familie, seine Verehrer, um in das Land zu ziehen, das er liebt, wohin ihn die Sehnsucht seines Lebens treibt: nach Palästina. Wir besitzen mehrere Lieder auch von seiner Reise; eines der schönsten schildert einen Seesturm, ferner einzelne Lieder, in denen er seine Ankunft auf dem Boden des heiligen Landes beschreibt. Plötzlich verstummt seine Harfe, wir wissen nicht wo er geblieben, wo er gestorben ist. Die geschäftige Sage aber die barmherziger ist als die Geschichte, hat auch seinen Tod mit ihren milden Strahlen verklärt. Sie erzählt uns — und das ist ganz in seinem Geiste — daß er im Anblick der heiligen Stadt, als er vor ihren Thoren angekommen war, sein herrliches Zionslied sang, welches noch heute am 9. Ab in allen Synagogen auf dem weiten Erdenrunde vorgetragen wird. In demselben Moment soll er von den Hufen eines Sarazenenrosses niedergeritten worden sein und seine reine Seele ausgehaucht haben. Ein moderner Dichter, Heinrich Heine, hat ihn in die Weltlitteratur eingeführt:

> „Ja, er war ein großer Dichter,
> Stern und Fackel seiner Zeit,
> Seines Volkes Licht und Leuchte,
> Eine wunderbare große
> Feuersäule des Gesanges,
> Die der Schmerzenskarawane
> Israels vorangezogen
> In der Wüste des Exils".

Mit Jehuda Halevi schließt der Kreis der großen Dichter der neuhebräischen Poesie ab, diese selbst aber nicht. Nach dem Gesetz menschlichen Blühens und Welkens, folgt auf diese Epoche eine Periode der Epigonen, in welcher sich ein großer Reichthum an Formen und Farben kund giebt, in welcher die großen Gedanken, aber die Meister nicht wiederkehren. Ebenso auf dem Gebiete der Philosophie. Hier schließt der Kreis mit Moses Maimonides ab, dessen Leben und geistiges Schaffen nicht nur befruchtend auf die Folgezeit wirken sollte, sondern auch einen großen Kampf entfachen mußte, der klärend auf die Ueberzeugung der Denker und des ganzen Volkes eingewirkt hat. Tage und Wochen müßte ich erzählen, wollte ich Ihnen, meine Damen und Herren, auch nur die bedeutendsten Namen, die wichtigsten Männer nennen, die Gedeihliches damals geschaffen haben.

Die Verbindung zwischen Juden und Arabern erwies sich in jeder Beziehung in dem öffentlichen Leben als eine harmonische. Trotz mancher trüben Punkte auf diesem Gebiete — denn es hat nicht an Zusammenstößen gefehlt, bei denen natürlich immer die Juden zu bluten hatten — bleibt das Bild ein sonniges, so lange die Araber die Herrschaft in Spanien führen. Chasdai ibn Schaprut war nicht der einzige jüdische Minister eines Chalifen; ein zweiter Minister war Samuel der Fürst. Er war Gewürzkrämer in Malaga; da er der Einzige war, der in der Stadt schreiben konnte, so gingen alle bis zum Minister hinauf zu ihm, um sich von ihm ihre Briefe schreiben zu lassen. Letztere kamen nun in die Residenz des Chalifen Habus, der nicht nur über die kalligraphische Ausführung, sondern auch über den tiefen Geist und den zierlichen Gehalt, der aus diesen Briefen sprach, erstaunt war. Er ließ sich den Gewürzkrämer nach der Residenz kommen und lernte in ihm einen Mann von außerordentlicher Klugheit und Erfahrung kennen.

Er nahm ihn zu sich in seinen Palast und Samuel stieg immer höher, ja bis zum Rathgeber des Chalifen selbst. Er vergaß aber auf dieser Höhe nicht seiner Glaubensgenossen, er blieb ein glaubenstreuer Jude. Von ihm selbst besitzen wir neuhebräische Gedichte, er war ein Kenner und Förderer aller Bestrebungen, die darauf hinzielten, das Judenthum zu heben.

Es ist, wie gesagt, nicht abzusehen, welche Entwicklung das Judenthum genommen hätte, wenn es ihm beschieden gewesen wäre, ruhig und friedlich in Verbindung mit den Arabern seinen Zielen auf öffentlichem, politischem und geistigem Gebiete nachzugehen. Schon schien es, als sei der alte Fluch von Israel genommen worden, der ihm einst in der Bibel zugerufen wurde, daß es ein welkes Blatt werden würde und vor jedem Feinde werde zittern müssen; fast schien es, als habe dieser Fluch sich in Segen verwandelt, als die politischen Verhältnisse auch in Spanien eine verhängnißvolle Wendung nahmen. Denn wenn auch die Araber Spanien beherrschten, den alten Volksgeist aus früheren Jahrhunderten konnten sie nicht ausrotten. Selbst als Abbur Rahman III. ganz Spanien beherrschte, lebte noch der alte christlich-romanische Geist, namentlich in Nordspanien. Es war ein beständiger Kampf zwischen arabisch-jüdischer und christlich-romanischer Bildung. Aber das Beispiel der Duldung, welches die arabischen Chalifen gaben, wirkte auch auf die christlichen Könige, welche den Arabern Schritt für Schritt das Terrain in Spanien streitig machten. Selbst wo christliche Könige herrschten, waren also die Juden geduldet, anerkannt und zum Theil bevorzugt. Was mußten das für Verhältnisse gewesen sein, wenn sich König Alfonso X. einen jüdischen Vorbeter Isak ibn Sid aus der Synagoge holen ließ und ihm die Bearbeitung der astronomischen Tafeln übertrug, welche bis auf den heutigen Tag seinen Namen tragen, der „Alphonsinischen Tafeln"? Das ist nur ein kleines Beispiel; es läßt sich bis ins Unendliche vermehren die Zahl der Männer von Bedeutung, welche trotz ihrer hohen Stellung Juden blieben. Dieses Beispiel wirkte auch über Spanien hinaus. So ließ sich Friedrich II., ein deutscher Kaiser, jüdische Gelehrte aus Spanien kommen, um hervorragende Werke der Kunst aus dem Griechischen ins Lateinische übertragen zu lassen, so Robert v. Anjou und viele andere Fürsten.

Aber auch dieses Verhältniß sollte nicht bleiben. Je mehr in Spanien selbst das Christenthum an Terrain gewann, je mehr der Halbmond zurückweichen mußte, desto trüber wurde die Lage der Juden in diesem Lande. Wir wissen nicht, ob die spanischen mit den Juden in Nordfrankreich und in Deutschland irgendwelche Verbindungen gehabt haben. Wäre dies der Fall gewesen, so hätten sie wohl irgend etwas gethan, um deren entsetzliche Lage abzuwenden.

Man kann sagen, daß die drei Jahrhunderte, vom neunten bis zum zwölften, die Zeiten waren, in welchen die katholische Kirche zum Entschlusse gelangte, das Judenthum von Grund aus zu vernichten. Es ist also natürlich, daß die Lage der Juden in den Ländern wo das Scepter Roms hinreichte, eine traurige gewesen ist. Sie alle wissen, was die deutschen Juden zur Zeit der Kreuzzüge gelitten haben; von Breslau bis Mainz zog sich eine Straße voll Blut, auf der die Leichen unserer Ahnen, Väter und Mütter, Greise und Kinder, lagen. Keine größere Tragik, kein entsetzlicheres Trauerspiel giebt es in der Weltgeschichte als die Verfolgungen, welche die Juden damals in Deutschland zu erleiden hatten. Wir finden da nicht nur Beispiele von erhabenen Duldermuth, sondern von einem Heroismus, der seines Gleichen sucht. Wir hören von einem Vater, der seine eigenen Kinder ermordet, damit sie nicht das Kreuz bekennen müssen, von einer Mutter, die ihre Töchter in den Rhein wirft, um sie vor der Verfolgung der herrannahenden Schaaren zu schützen, von einem Greise, der die Synagoge in Brand steckt, um sie von den heranstürzenden Kreuzfahrern zu retten. Kurz, diese Leidensgeschichte ist so wenig zu erschöpfen wie die Ruhmesgeschichte der spanischen Juden. Im Jahre 1290 werden die Juden aus England, 1305 durch Philipp den Schönen aus Frankreich vertrieben. Daß sie aus Deutschland nicht vertrieben werden konnten, lag an der Zerstückelung der territorialen Verhältnisse, an den vielen Herrschern, welche Deutschland hatte. Hier duldete man sie, weil man ihr Geld brauchte, dort herrschte ein Fürst, der sich zu andern Zwecken ihrer bediente, in einem dritten Kreise herrschte irgend einer, der sie als Kammerknechte des heiligen römischen Reiches duldete. Papst Innocenz III. war es, welcher alle Stürme des religiösen Fanatismus gegen die Juden entfesselte. Von jener Zeit datirt das Verbot, daß sie in bestimmten Judenvierteln wohnen müssen, von ihm das Gebot, daß sie lange schwarze Mäntel und dreieckige Hüte und gelbe Abzeichen an den Mänteln tragen, damit man sie überall als Juden erkenne und gebührend verachte. Der Islam konnte sich mit dem Judenthum auseinandersetzen, weil er voraussetzungslos gewesen ist, das Christenthum aber konnte sich nicht mit dem Judenthum auseinander setzen. Es trat ja von vornherein als die Erfüllung des Judenthums auf. War aber das Christenthum die Erfüllung des Judenthums, dann durfte das letztere eben nicht weiter bestehen, dann durfte kein Jude mehr existiren, der dagegen zeugen konnte. Der letzte und verachtetste Jude war ein lebendiger Protest gegen die Wahrheiten dieser Religion. Nur so können wir den Verfolgungseifer beurtheilen, welcher von Päpsten und Kaisern, von Bischöfen und Fürsten und auch von den Völkern Jahrhunderte lang gegen das Judenthum entfesselt wurde. Es ist ein trauriges Bild, und es ist nur zu erklärlich, daß ein

Volk, welches so furchtbar bedrückt und wie ein welkes Blatt über den Erdball gejagt wird, auch in seinem geistigen Wesen arg beschränkt werden müsse. Immer mehr zogen sich die Juden zurück, sie nahmen immer weniger Antheil an den Freuden und Leiden der Völker und beschränkten sich auf den engen Kreis der talmudischen Studien.

Etwa um 1300 ist auch die Lage in Spanien bereits eine solche, daß die Araber immer mehr im Zurückweichen sind und die christlichen Könige siegen. Es läßt sich nicht im einzelnen die Entwicklung eines von so verschiedenen Fürsten geleiteten Landes, wie Spanien, schildern. Hätten aber die Spanier auch nur irgend welche Dankbarkeit besessen, so hätten sie anerkennen müssen, was die Juden für sie geschaffen haben. Die Juden selbst nahmen noch immer Antheil an dem Geistesleben in Spanien; ein König duldete und begünstigte sie, der andere verfolgte sie und wies sie aus. — Die spanische Litteratur ist, wie Sie alle, meine Damen und Herren, wissen, eine durchaus katholische. In der ganzen Weltlitteratur ist sie die religiöseste. Sie ist, wenn ich so sagen darf, in das Herz der katholischen Kirche hineingebettet und von inniger Verehrung erfüllt für die Dogmen der katholischen Religion. Wie merkwürdig! An der Wiege der spanischen Litteratur haben Juden gesessen. Wenn die Spanier von ihrem größten spanischen Epos erzählen, so sprechen sie vom „Cid", der Ihnen allen durch die Uebersetzung Herder's bekannt ist. Der Cid beruht auf der Chronik eines Juden Ibn Faradsch. Ein Jude hat den ersten spanischen Roman geschrieben, ein Jude hat das erste spanische Drama geschrieben, die „Celestina", ein Jude war der erste spanische Troubadour und auch der letzte spanische Troubadour, (il ropero) der Schneider, war ein Jude. Er lebte bereits in jener Zeit, wo die gewaltsamen Taufen an der Tagesordnung waren. Die romanische Litteratur hatte aber auch später noch eine Nachblüthe und es ist charakteristisch, daß auch der bedeutendste Dichter dieser Periode wiederum ein Jude gewesen ist, Antonio José de Silva, dessen Leben so überaus bezeichnend dafür ist, wie die Völker dieser Erde Israel für seine geistigen Bestrebungen belohnt haben. Dieser Antonio lebte im 17. Jahrhundert und war der bedeutenste Dichter des Landes. Man nannte ihn den modernen Calderon; er schrieb etwa 70 Theaterstücke, welche in Lissabon in Gegenwart des Hofes aufgeführt wurden, und wenn er sich auf der Straße zeigte, rief alles Volk: „Unser Antonio"! Man liebte ihn seines Geistes, seines Witzes wegen, er war einer der gefeiertsten Männer in ganz Portugal. Eines Tages verbreitete sich die Nachricht, dieser Antonio wäre ein heimlicher Jude, ja noch mehr, es wurde berichtet, daß er im Keller seines Hauses mit seinen Glaubensgenossen zum Gottesdienste zusammenkäme. Diese Nachricht wurde der Inquisition überbracht, die vor seiner Thüre halt machte. Sie ließ ihn kommen und befragte ihn um die Wahrheit dieses Gerüchtes. War er zu stolz, um es abzuleugnen, oder vertraute er zu sehr seiner Popularität? Genug, er wurde in den Kerker geworfen, und auch ihn ereilte das Schicksal. Eines Tages erlebte die schöne Welt von Lissabon auch eine Première; der größte Dichter des Landes wurde auf einem freien Platze vor der Kathedrale, auf einem Scheiterhaufen verbrannt, und noch aus den Flammen des Scheiterhaufens hörte diese schöne Welt seltsame, unverständliche Worte. Denn Antonio starb den Heldentod der jüdischen Märtyrer mit den Worten: „Höre, Israel, der Herr, unser Gott, ist ein einziger Gott"! So starb der letzte romanische Troubadour.

Ich bin den Ereignissen weit vorausgeeilt, aber Sie können sich den Schluß dieses großen Dramas wohl denken. Je weiter die christlichen Könige an Einfluß gewannen, desto trüber gestaltete sich auch die Lage der Juden in Spanien. Am Anfang des 14. Jahrhunderts hören wir bereits von Zwangstaufen und von Neuchristen, d. h. solchen, welche aus irgend einem Grunde zum Christenthum übertraten. Ihre Zahl wird vielleicht übertrieben, jüdische Chronisten schätzen sie auf Hunderttausende. An einem Tage werden zwangsweise in irgend einer Stadt 20—30 000 Juden getauft; nicht aus Ueberzeugung traten sie über. Es ist erklärlich, daß sie nicht so rasch alle Verbindungen mit ihren früheren Glaubensgenossen lösten, und ebenso erklärlich, daß viele im Geheimen festhielten an ihrem alten Glaubensbekenntniß. Seit dem Inquisitionstribunal waren es vor Allem die Neuchristen, welche die ganze Härte dieser Inquisition zu erdulden hatten. Nun galt es den letzten großen, mächtigsten Streich zu führen gegen die verhaßten Juden. Innocenz III. sah ein, daß, wenn das Christenthum in Spanien Bedeutung gewinnen sollte, ein Hauptstreich gegen die Juden zu führen sei, welche von Alters her Ansehen und Macht und geistige Bedeutung hatten. Der Plan dieses Papstes sollte gelingen in den Tagen, wo das „katholischste Königspaar" an der Regierung war, Ferdinand der Katholische und Isabella, seine Gattin. Mit kräftigem Arm hatte Ferdinand den letzten Ansturm gegen die Araber, welche sich noch in Granada, ihrem letzten Bollwerk, verschanzt hatten, begonnen. Im Jahre 1490 wurden sie auch aus Granada vertrieben, und mit einem letzten Seufzer, „il ultimo sospiro di moro" wandte sich Boabdil, der letzte Maurenkönig, mit seinen wenigen Getreuen — ein Bild, welches Sie wiederholt schon gesehen haben werden — in die Alpujarren-Gebirge, und von der Mosche zu Granada wehte nun wieder das Zeichen des Kreuzes über ganz Spanien. Nun galt es den letzten Schlag gegen die Juden. Die Araber waren vertrieben, die Juden sollten folgen. Der Großinquisitor Torquemada hatte den traurigen

Ruhm, dieses Werk zu vollbringen. Er wußte den König und noch mehr seine Gemahlin zu überreden, daß es nicht genüge, wenn man die Juden bedrücke und verfolge, sondern daß Spanien erst dann ein christliches Land sein würde, wenn der letzte Jude vertrieben wäre. Im Jahre 1492 unterzeichnete Ferdinand das verhängnißvolle Edikt, nach welchem alle Juden aus Spanien vertrieben werden sollten. Die Juden waren damals noch immer angesehen. Sie hatten Bildungselemente unter sich, welche weithin wirkten, sehr viele reiche Leute, Pächter öffentlicher Steuern, Vorsteher ganzer Städte. Diese suchten alles Mögliche anzuwenden, um das Edikt zu hintertreiben. Eine sehr dramatische Scene, welche auch wiederholt von Künstlerhand dargestellt worden ist, schildert uns die Entwicklung dieser Dinge. Während eine jüdische Deputation unter Führung eines berühmten jüdischen Gelehrten beim Könige im Schloß ist und ihm 30 000 Dukaten anbietet, wenn er dieses Edikt widerriefe, öffnet sich die Thüre und Torquemada tritt mit einem mächtigen Kreuze und den Worten herein: „Judas Ischarioth hat seinen Herrn um 30 Silberlinge verkauft und Ihre Majestäten wollten es um 30 000 Dukaten thun?" — Damit war das Schicksal der Juden besiegelt, Ferdinand und Isabella ließen die Deputation gehen. Und am 9. Ab., wiederum an jenem verhängnißvollen Tage, der so oft Leid und Wehe der Juden gesehen hatte, verließen 300 000 Juden Spanien, dieses schöne Land, in dem sie mehr als 500 Jahre unangefochten gelebt hatten, dem sie einen Kreis hervorragender Denker, Dichter und Staatsmänner, seinen ersten und letzten Troubadour gegeben hatten. Es wurde ihnen gestattet, ihr Hab' und Gut mitzunehmen mit Ausnahme von Gold und Silber. Sie mußten also über Kopf und Hals Alles veräußern und zogen nun mit ihrer Habe ab. Es wird erzählt, daß die Rabbiner den Befehl gegeben haben, man möchte bei dem Auszuge Pauken und Trompeten erschallen lassen, damit sie die Thränen, die Schmerzensschreie und das Weh der vielen Tausende ersticken, welche ihre Heimath verlassen mußten und nicht wußten, wohin sie sich wenden sollten. Ein schauriges Drama schließt mit dem Falle der Juden in Spanien. Aber es ist eine merkwürdige Fügung der Weltgeschichte, ja man könnte es wohl eine Ironie der Geschichte nennen, daß an demselben Tage, an welchem die Juden Spanien gewaltsam verlassen mußten, das spanische Land auch ein christlicher Mann, Christoph Columbus, verlassen hat, der an diesem Tage auszog, um eine neue Welt zu entdecken. Die Expedition des Columbus wurde mit dem Gelde, das den vertriebenen Juden abgenommen ward, ausgerüstet; der Schiffsarzt der Expedition war ein Jude; ein Jude soll es gewesen sein, der zuerst Land entdeckt hat; ein Jude ist es gewesen, der zuerst auf dem gastlichen Boden Amerikas eine neue Niederlassung gegründet hat.

Man erkennt das Walten erhabener Mächte, welche überall eingreifen in die Geschicke der Welt und die Geschichte des Judenthums. Ein großer, erhabener Gedanke, der sich jedem aufdrängt, der die Bücher der Geschichte aufschlägt, der die Leiden und Wanderungszüge und Schmerzen unseres Volkes durch die Jahrtausende verfolgt.

In wenigen Tagen, meine Damen und Herren, werden wir, d. h. diejenigen Juden, welche ihrer großen und erhabenen, vieltausendjährigen Geschichte treu geblieben sind, die Chanukalichter anzünden. Dieses kleine Chanukalicht hat die größten Lichter der Weltgeschichte überdauert, dieses kleine Licht brennt weiter und wird weiter brennen, und wir werden immer und wieder, wir und unsere Kinder und unsere Enkel, Gott danken für die Wunder und Thaten, Kriege und Siege für sein armes Volk, wie er es gerettet hat aus Feuer und Wasser und es aufbewahrt hat für die große Zeit, wo auf der ganzen Erde nur ein Gott existiren wird, wo die ganze Welt anerkannt hat, daß Er einzig und sein Name einzig ist.

Fünfter Vortrag.

Die Vertreibung der Juden aus Spanien, welche das große Finale der vierten Periode der jüdischen Geschichte bildet, war ein Ereigniß, welches für das gesammte Judenthum von entscheidender Bedeutung gewesen ist. War doch in keinem Lande des Mittelalters auch die Lage der Juden eine so merkwürdige wie gerade in Spanien, merkwürdig, weil in ihr eine Vereinigung hoher bürgerlicher und socialer Stellungen mit aufrichtiger Treue und warmer Hingebung an das Judenthum stattgefunden hatte. Eine solche Periode jüdischen Geisteslebens war seit den Tagen der Hochschulen von Babylon oder seit der Blüthe des nationalen Lebens in Palästina nicht mehr dagewesen, und wird, wie ich fürchte, kaum wiederkommen. Es ist natürlich, daß deshalb ein solcher Schlag, wie er die Juden in Spanien traf, auf das ganze Judenthum zurückwirken mußte, natürlich schon darum, weil jene 300 000 Juden, die am 9. Ab. 1492 Spanien verlassen mußten, zunächst nach allen Ländern Europas sich zerstreuten und in das geistige Leben jener Länder eine neue Bewegung hineinbringen mußten. Freilich, ihre Reichthümer zerstreuten sich ihnen ebenfalls unter den Händen. Allzuviel durften sie ja, wie ich Ihnen bereits erzählte, nicht mitnehmen, und so sollen die ansehnlichen Summen, auf welche das Vermögen der vertriebenen Juden geschätzt wurde, sehr rasch zerronnen sein. Nur wenige kamen mit reichem Besitz in die Länder, welche ihnen nunmehr ein Asyl boten. Dreierlei aber brachten die Juden in diese Länder mit, erstens ihre großen geschichtlichen Erfahrungen, zweitens den Reichthum und großen Vorrath von Kenntnissen und Wissenschaften, die sie sich in Spanien erworben oder an deren Förderung sie wackern Antheil genommen hatten, und drittens die werthvolle sociale Bildung, welche sie sich angeeignet hatten. In Spanien selbst blieb auch ein großer Theil der Juden zurück, von welchen wir schon sprachen, nämlich diejenigen, welche der neuen Or der Dinge trotzig oder willig sich fügten und zum Christenthum übergetreten waren. Man nannte sie Scheinchristen oder Marannen. Ihre Zahl wird von jüdischen und christlichen Geschichtsschreibern wohl sehr übertrieben, sie soll bis in die Hunderttausende gehen. Es ist ja Thatsache, daß oft an einem Tage in einer Stadt zehn-, fünfzehn, vielleicht einmal sogar zwanzigtausend Juden gezwungen zum Christenthum übertreten mußten; gleichwohl muß man sich hüten, diese Zahlen zu übertreiben. Die Lage der Scheinchristen war in Spanien aber eine viel traurigere als die der Juden gewesen war, welche vertrieben wurden. Man glaubte ihnen ihr Christenthum nicht, weil sie nur gezwungen zu ihm übergetreten waren und in den Augen jener doch noch Juden blieben. Trotzdem gelang es den Marannen doch, sich zu angesehenen Stellungen emporzuarbeiten. Es ist ja auch nicht möglich, daß Spanien so viele seiner besten Bürger verloren hätte, ohne daß irgend ein halbwegs denkbarer Ersatz dafür geboten worden wäre. Die Marannen rückten in die Stellungen der vertriebenen Juden ein und, da ein Jahrhundert verflossen war, waren die höchsten Stellungen von ihnen besetzt. Sie waren Minister, Professoren, der ganze spanische Adel war nach den Worten eines spanischen Dichters „verjudet", mit jüdischem Blute inficirt. Ja, es waren sogar unter denen, welche das Werk der Inquisition am meisten betrieben, getaufte Juden; selbst jüdische Inquisitoren und Groß-Inquisitoren nennt die Geschichte. Die Anekdote ist nicht schlecht erfunden, die man von einem Minister des Königs von Portugal erzählt, welcher die Vertreibung der Juden nachgeahmt hat — es soll der Marquis von Pombal gewesen sein — eine Anekdote welche überaus charakteristisch ist für die Bedeutung der Marannen im öffentlichen Leben. Der König von Portugal, dem es wohl von seinen Rathgebern hinterbracht worden war, daß die Scheinchristen eine so hohe Stellung im Staate usurpirten und für das Staatswohl schädlich wären, erließ eines Tages die Verordnung, daß auch alle Marannen einen gelben Hut tragen sollten. Da kam Tags darauf sein Minister Pombal mit drei gelben Hüten zur Audienz, und als ihn der König fragte, für wen der erste bestimmt wäre, antwortete er: „Für mich, Majestät". „Und für wen ist der zweite", fragte der König. „Für Ew. Majestät Groß-Inquisitor". „Und wer soll den dritten Hut tragen?" „Majestät selbst." So weit war das jüdische Blut in den Staatskörper jener Länder eingedrungen.

Die Länder aber, in welche sich die vertriebenen Juden zerstreuten, sind zunächst Holland, die Türkei und Polen gewesen. Es ist eine von nationalökonomischen und historischen Erwägungen geleitete Wahrheit, daß Spanien von dem Tage an, an welchem es seine Juden losgeworden ist, das Land, dessen König einmal über die ganze civilisirte Welt herrschte, daß dieses Land durch die

Faulheit und Indolenz, durch die Schwäche seiner Regenten zu einer Macht zweiten und dritten Ranges erniedrigt worden und sich bis auf den heutigen Tag nicht wieder von diesem Schlage hat erholen können. Die Länder, welche die Juden aufnahmen, hatten zum Theil unmittelbaren und zum Theil mittelbaren Erfolg davon, welchen man bis auf Jahre und Zahlen genau verfolgen kann.

Inzwischen, während dieses Schicksal der spanischen Juden sich erfüllte, war aber eine neue Zeit angebrochen. Unter all' den Bewegungen, welche das geistige Leben der Menschheit förderten, sind es namentlich zwei, welche unsere volle Aufmerksamkeit und unser lebhaftes Interesse in Anspruch nehmen, so oft wir an das Buch der Geschichte herantreten, zwei Bewegungen, welche das Mittelalter zu Ende führen und die neue Zeit heraufbeschwören: die Renaissance in Italien und der Humanismus in Deutschland. Die Renaissance war es, welche zuerst die Macht der Kirche in Italien gebrochen hat, welche den Menschen aus den Fesseln der Knechtschaft und des Fanatismus des Geistes erlöste und zur freien Manneswürde emporhob, und die Freiheit der Wissenschaft für alle Erdenkinder verkündet hat. Eine Fülle von wichtigen Momenten hatte die neue Zeit eingeleitet: Die Entdeckung Amerikas hatte den Gesichtskreis des Menschen erweitert, die Erfindungen und Entdeckungen eröffneten einen Ausblick in die Weite, das Schießpulver hatte die alten Ritterburgen zerstört, die Buchdruckerkunst dem menschlichen Gedanken Flügel verliehen, das kopernikanische Weltsystem hatte eine neue Anschauung der Natur gelehrt, und endlich kam die Reformation, welche auch die religiösen Ansichten hob und läuterte. Es ist unser Stolz, daß die Juden an allen diesen Bewegungen lebhaften Antheil genommen haben, wie überhaupt bis auf den heutigen Tag keine große geistige Bewegung zu Tage getreten ist, an welcher die Juden nicht hebend und bewegend Theil genommen hätten. Als die Renaissance das klassische Alterthum ausgrub, die Schätze von Hellas zu Tage förderte, welche im Schutte der Klöster vergraben waren, da war es auch die Bibel, welche wieder zu ihrem Rechte gelangte, und als der Humanismus das Christenthum von den Schlacken, welche ihm anhafteten, läuterte, da war es wieder das jüdische Alterthum, welches zu seinem Rechte kam. Die Führer der Renaissance in Italien gingen in die Schule bei jüdischen Lehrern, von jüdischen Rabbinern und Lehrern wurden die Humanisten in den Geistesgängen des Alterthums unterrichtet. Martin Luther hatte in jungen Tagen die Bibel im Kloster von Erfurt noch an einer Kette angebunden gesehen. Denn das Lesen der Bibel galt der katholischen Kirche als ein Vergehen, und nur die hohe Geistlichkeit durfte an dieses Buch herantreten. Martin Luther löste die Kette und gab dem deutschen Volke die Bibel wieder — eine unsterbliche Geistesthat, die Alles überwog, was er überhaupt geleistet hat. Doch soll es nicht vergessen werden, daß auch Martin Luther in den Spuren eines gelehrten Rabbi gegangen ist, der den Aelteren von Ihnen aus der Schule wie aus dem Leben noch in frischer Erinnerung geblieben sein wird. Raschi (Salomo b. Jizchak) war sein Name, war einer der hervorragendsten Bibelerklärer des Mittelalters, der durch die Einfachheit, Gradheit und Klarheit, mit welcher er das Verständniß der Bibel erleichterte, zu hoher Bedeutung gelangt ist. In den Spuren Raschi's ging ein Franziskaner-Mönch, Nicolaus de Lyra, welcher zwei Jahrhunderte später die Bibel für die christliche Gemeinde in seiner Postille bearbeitete, und auf dieser beruht die Bibelübersetzung Luthers. So kann man wohl sagen, daß man ohne Raschi sich Luther kaum denken kann — ein neuer Beweis für die Wechselwirkungen, welche im Geistesleben der Völker herrschen und welche kein Fanatismus, kein Aberglaube und kein Mißtrauen hat hemmen und unterbrechen können. Martin Luther war in seinen jungen Tagen ein Freund der Juden gewesen, er ist mit aller Wärme für sie eingetreten und warnte den Adel der deutschen Nation, die Juden zu verfolgen und zu bedrücken. Erst nach langen Jahren, nach trüben Erfahrungen über das große Werk der Reformation, das eigentlich in der Mitte stecken geblieben war, erst dann wurde Luther auch ein Gegner der Juden und in seinen alten Tagen sogar ein erbitterter Gegner. Da war aber ein anderer Mann seines Glaubens, ein Vorkämpfer der Ideen, welche Luther erst zur Ausführung brachte, nähmlich Johann Reuchlin, „der Phönix Germaniens", wie man ihn stolz nannte, einer der edelsten und freiesten Geister der deutschen Nation. Er hatte schon in jungen Jahren genau wie die italienischen Helden der Renaissance sich in die Geheimnisse des jüdischen Alterthums vertieft. Insbesondere war ihm eine Bewegung sympathisch geworden, welche auch die Führer der Renaissance anlockte.

Schon in den letzten Jahrhunderten ihres Aufenthalts in Spanien, als das freie Geistesleben unter den Juden gehemmt war, wurde der große Aufschwung, welchen die Philosophie unter den Juden genommen hatte, durch diese Bewegung unterdrückt, die der Philosophie hemmend in den Weg trat; es hatte sich eine Geistesrichtung innerhalb des Judenthums geltend gemacht — zum Unheil der jüdischen Entwickelung — welche die folgenden Jahrhunderte, ausschließlich beherrschen sollte, die Ihnen Allen unter dem Namen der „Kabbala" bekannt sein wird. Aus den Höhen, in welche der jüdische Geist gedrungen war, aus den hohen Regionen des Verstandes versenkte sich jetzt der ermattete und ermüdete Geist in die Tiefen der Mystik. Er fing an, über die Räthsel des Erdenlebens und der Natur in einem Sinne zu klügeln, welcher den Verstandesspeculationen der Philosophie direct entgegengesetzt war. Es war keine Bewegung, die von heute auf morgen entstand, wie ja geistige Bewegungen überhaupt sehr langsam entstehen, um plötzlich an einem ganz anderen Orte, als wo sie ausgesäet worden, zur Reife zu gedeihen. Plötzlich aber auch sehen wir die Bewegung der Mystik zu einer solchen Stärke anwachsen, daß das ganze jüdische Leben davon erfüllt ward und alle anderen Bestrebungen dadurch in den Hintergrund gedrängt wurden. Es ist nicht Sache des Historikers, aber der Psycholog wird leicht die Gründe erforschen können, dafür, daß Christen wie Juden gerade dieser mystischen Weltanschauung sich zuwandten. Sowohl die erleuchteten Geister der Renaissance wie die Führer der Humanisten in Deutschland studirten die Bücher der Kabbala. Auch Reuchlin befaßte sich mit ihr, und seine Begeisterung für das Judenthum wuchs, je mehr er dieses Volk und seine geistigen Schätze, welche es auf allen Gebieten angehäuft hatte, kennen lernte. Gerade in den Tagen, in welchen die Bedeutung Reuchlin's allgemein anerkannt wurde, hatte sich unter denen, welche dem Humanismus gegenüberstanden, eine mächtige Bewegung entsponnen, welche darauf ausging, seine Führer zu verfolgen und mit ihnen die Juden zu treffen. Ein Dominikanermönch, Jacob von Hogstraten, war es, welcher die Bewegung anfachte, und wieder soll es ein getaufter Jude gewesen sein, der ihm den Weg dazu wies. Sein Name war Pfefferkorn. Er war einer der ersten, welche unsägliches Herzeleid über seine früheren Glaubensgenossen treulos gebracht hat. Die Sache kam vor den Reichstag und den damaligen Kaiser Maximilian I. Die Dominikaner traten mit schwerem Geschütz auf. Sie wiesen nach, welche Verordnungen die Juden in ihren Geheimbüchern hätten, sie verkündeten, daß die Juden in ihren Gebeten vor den Völkern ausspuckten und sie der Verachtung und dem Tode anheimgäben, daß die Juden am Passahfeste das Blut christlicher Kinder zum Backen ihrer Mazzot bedürften. All' das ganze große Register von Verleumdungen und Lügen führten sie auf, welches seither so oft aufgezogen worden, wenn es galt, die Juden zu verderben. Da trat Reuchlin hervor, der muthige Mann, der nicht scheute, ein „Judenknecht" zu heißen, der sich nicht vor dem Gerücht fürchtete, daß er von den Juden bestochen worden sei, da trat er auf und wies mit dem ganzen schweren Geschütz der in den Schulen mühsam erworbenen Gelehrsamkeit nach, daß alle diese Ausstreuungen Verleumdung und boshafte Verdächtigung sei. Wiederum war das Leben der Juden gerettet; der Beschluß, den Talmud zu verbrennen, wurde widerrufen, Reuchlin trug den Sieg über die Dunkelmänner davon. Der Prozeß zog sich noch ein Jahrhundert hin, und Sie Alle, meine Damen und Herren, wissen, daß lange nach dem Tode Reuchlin's die Humanisten über die Dunkelmänner gesiegt haben. Diese Bewegung endete damit, daß der kühne Augustinermönch an die Schloßkirche zu Wittenberg die berühmten 95 Thesen anheften durfte, welche einen vollständigen Umschwung des religiösen Geisteslebens zur Folge hatten.

Die äußere Lage der Juden in jene Zeit wo sie die Lehrer der hervorragendsten Männer der Renaissance und des Humanismus, die Lehrer von Kardinälen und Päpsten gewesen waren, war eine überaus traurige, während doch die Sonne überall schon eine neue Zeit bestrahlte. Für das Judenthum dieser Periode aber bringt jeder Tag neue Unterdrückungen und Verfolgungen, so daß sie gezwungen sind, sich wieder eine neue Heimat zu suchen.

Da sind es denn vor Allem jene bereits vorhin genannten drei Länder, welche den Juden eine dauernde Zuflucht bieten: die Türkei, Holland und Polen. Als man dem Sultan Bajasid hinterbrachte, daß Ferdinand II. die Juden aus Spanien vertrieben hatte, soll er ausgerufen haben: „Und ihr nennt diesen König einen klugen Mann, der sich seiner besten Unterthanen beraubt?" Ein Wahrwort, denn in der That öffnete sich den Juden in der Türkei ein Freistaat. Schwere Unterdrückungen haben dort nie stattgefunden. Schon nach wenigen Jahrzehnten hören wir von einem jüdischen Leibarzt des Sultans, Moses Hamon, der ein wirksamer und wackerer Förderer auf dem Gebiete des Geistes gewesen ist. Unter den ersten Werken — und auch das ist charakteristisch für das Geistesleben innerhalb des Judenthums — welche die Buchdruckerpresse verlassen haben, waren jüdische Werke, und eines der ersten Bücher war eine hebräische Bibel, welche die Juden herausgegeben haben. Die ersten Druckereien bestanden in Italien und in der Türkei. Kaum ist ein Jahrhundert verflossen, daß die Juden in der Türkei eine Zuflucht fanden, so tritt eine ganze Reihe hervorragender Männer vor uns in jenem Lande auf, welche dort eine ebensolche Stellung genießen, wie die Juden sie einst in Spanien besessen hatten. Unter ihnen befindet sich einer, der auch als Scheinchrist, als gewaltsam getaufter Jude in jungen Jahren aus Spanien nach Amsterdam geflüchtet war, Don Josef Naßi. Er gründete daselbst mit den Resten seines Vermögens ein Handelshaus, und, als es ihm auch dort nicht glücken wollte, ging er nach der Türkei, wo er es zu hohem Ansehen brachte. Zu etwa derselben Zeit war eine Jüdin, Donna Gracia Mendesia, ebenfalls auf mannigfachen Umwegen aus Spanien über Venedig nach der Türkei gekommen, mit einer Tochter Reyna, die durch Geist und Schönheit vielfach ausgezeichnet war. Es lag nahe, daß aus diesen Beiden ein Paar wurde. Josef und Reyna gelangten zu so hohem Ansehen, daß, wenn es die historischen Quellen nicht bestätigten, wir es kaum glauben würden, daß ein Jude in den trübsten Tagen des Mittelalters, wo in Deutschland Tag für Tag hunderte von Juden an die Schlachtbank geführt wurden, wo sie in Spanien unter der drückenden Last der Inquisition schmachten mußten, daß ein Jude damals vom Sultan Selim III. in der Türkei für seine diplomatischen Dienste zum Herzog von Naxos ernannt wurde. Ja, der Sultan soll sogar die Absicht gehabt haben, ihn zum König von Cypern zu machen, und wäre Selim III. nicht gestorben, so hätte er diese Absicht sicherlich ausgeführt. Josef war ein so hervorragender Diplomat, daß er einmal zwischen allen den Mächten, welche damals die wichtigsten waren, den Weltfrieden vermittelte, und daß er, obwohl die Regierung Frankreichs auf seine Abberufung bestand und gegen ihn bei der Pforte intriguirte, daß ein Jude zwischen den christlichen Mächten intervenire, von dem Sultan in seiner Stellung erhalten wurde. Don Josef Naßi ist trotz der einflußreichen Stellung, die er in der ganzen Welt genossen, ein glaubenstreuer und frommer Jude geblieben. Er unterstützte alle jüdischen Bestrebungen, er förderte die Wissenschaft des Judenthums, und noch heute besitzen wir Münzen, welche geprägt sind auf ihn und seine Schwiegermutter, auf welchen beide in den überschwänglichsten Ausdrücken als Förderer des Judenthums gepriesen werden. Und zu derselben Zeit, wo Josef Naßi auf der Höhe des Ruhmes stand, befand sich in Konstantinopel ein kleiner jüdischer Arzt, Salomon Aschkenasi, welcher es fast zu derselben angesehenen Stellung brachte, die Don Josef Naßi vorher besessen hatte. Der Sultan sandte ihn als diplomatischen Vertreter nach Venedig, welches damals die Gebieterin war über Länder und Meere und die größte Macht Europas bildete. Ueber zwanzig Jahre hielt er sich in dieser Stellung trotz aller Anfeindungen und Intriguen. Zu derselben Zeit, wo die Juden (im Jahre 1516) in Venedig in eine Judengasse, das Ghetto, hineingebannt wurden, zu derselben Zeit, wo durch die Macht eines neuen Ordens, des Jesuitenordens, auch in Italien jene Verfolgungen begannen, welche bis dahin nur in Spanien und Deutschland an der Tagesordnung waren, und man anfing die gedruckten Talmudexemplare zu censuriren oder gar zu vernichten, zu derselben Zeit bewohnte er einen Palast neben dem Dogenpalast und war dort der angesehene Vertreter der Pforte. Und als wieder einmal ein Weltbrand unter den Mächten ausbrach um die polnische Königskrone, welche Frankreich für Heinrich von Anjou, Österreich für seinen Erzherzog Maximilian und Polen für den polnischen Grafen Potocki erstrebte, da war es Salomo Aschkenasi, welcher es durch seine Klugheit zu Wege brachte, daß der Prätendent gewählt wurde, welcher die meiste Aussicht bot, jenes unglückliche Land in eine gedeihliche Lage zu bringen, nämlich Heinrich von Anjou. Wir besitzen noch einen nach Polen gerichteten Brief von ihm, in welchem er ausdrücklich erklärt: „Der Bischof von Acre wird dieses für sich in Anspruch nehmen, Sie alle wissen, daß ich es gewesen bin, der die polnische Königswürde zu Stande gebracht hat."

Ebenso günstig war die Lage der Juden in Holland. An einem Tage zu Anfang des 16. Jahrhunderts landete ein Schiff mit anderer Bestimmung zufällig in Emden. Moses Phöbus, einer von den wenigen Juden, die sich dort angesiedelt hatten, war es, welcher die Ankömmlinge bat, sie möchten doch nicht in dieser Stadt bleiben, sie möchten nach Holland gehen, welches eine Freistatt sei und die Juden aufnähme, er wolle mit ihnen gehen. Jene Männer waren die ersten, welche den Ruf und den Ruhm der großen Gemeinde in Amsterdam begründeten. Moses Phöbus wurde der erste Rabbiner der Gemeinde, er selbst rühmte sich, daß er über 20 000 Marannen, welche aus Spanien geflüchtet waren, wieder in das Judenthum zurückgebracht habe. Kaum 50 Jahre sind sie in Amsterdam, so befinden sie sich schon in jener angesehenen Stellung, zu der sie es immer gebracht haben, wo ihnen nur ein bischen Licht und Luft und Sonne zum Leben gegönnt wurde. Unter den Marannen, welche aus Spanien geflüchtet waren, ist auch eine Familie Espinosa, deren Sohn Baruch die Talmud=schule in Amsterdam besucht hat. Der Unterricht genügte ihm dort nicht, er wandte sich dem Geiste der neuen Zeit zu, welcher bereits damals auch nach Holland gedrungen war. Sein Weg war ein großer und weiter. Er entfernte sich auf diesem Wege immer mehr von den Ideen und Lehren des alten „Bet hamidrasch", er wurde der Begründer einer neuen Weltanschauung — es war Baruch Spinoza! Und dann giebt es dort noch eine lange Reihe großer Dichter und Denker, Diplomaten, Officiere, wackerer Kämpfer für das Vaterland und auch hervorragender Frauen, welche in der Gesellschaft eine Rolle spielen. Einer der interessantesten ist Manasse ben Israel, der mit den hervorragendsten holländischen Gelehrten in intimem Verkehr lebte, der mit der Königin von Schweden in Briefwechsel stand, damit sie den Juden eine Freistatt gewähre. Er wandte sich auch nach England, wo die Juden, wie Sie wissen, bereits seit 1290 vertrieben waren. Er schrieb einen Brief, der noch erhalten ist, an Cromwell, den „Protektor der englischen Re=publik". In diesem charakteristischen Brief setzte er ihm die Lage der Juden in den verschiedenen Ländern auseinander, ferner die Vortheile, welche es England gewähren würde, wenn es die Juden aufnähme. Er wurde eingeladen, vor dem Parlament zu erscheinen, um seinen Antrag persönlich zu begründen. Von dem Tage an datirt die Bewegung, welche die Rückberufung der Juden nach England zur Folge hatte, wo sie fortan unangefochten und angesehen im Kreise ihrer Mitbürger leben.

Und nun das dritte Land Polen. Auch da waren die Juden in eine sehr günstige Situation hineingekommen. Es mangelte dort an einem Mittelstand; es gab nur Adlige und Bauern. Die Juden waren nun die geborenen Vertreter eines solchen Mittel=

standes, der zwischen dem Adel und dem Bauernstand zu vermitteln hatte. Schon ein Primas von Polen klagte am Anfang des 16. Jahrhunderts darüber, daß die Juden auf den Schulbänken neben christlichen Kindern sitzen, daß jüdische Eltern ihre Söhne nach Padua und Bologna schicken, damit sie dort Medicin studiren. Erleuchtete Monarchen nehmen sich jüdische Diplomaten zu Kanzlern, zu ihren intimsten Rathgebern. Die Lage der Juden ist gerade in Polen zu jener Zeit eine außerordentlich günstige. Es ist kaum zu bezweifeln, daß das Judenthum eine gute Entwicklung in jenen Ländern genommen hätte, wenn nicht das Verhängniß durch jene Bewegung hereingebrochen wäre, welche die aufrührerischen Kosaken unter Führung von Bogdan Chmelnizky gegen die Polen unternahmen. Man erzählt, daß Chmelnizky, als er Kosakenhauptmann gewesen sei, von einem Juden betrogen worden sei; nach anderen sollte sein Haß daher rühren, daß die Juden die Pächter sämmtlicher Steuern gewesen sind, gegen deren Bezahlung er sich wohl gesträubt haben mag. Jedenfalls ging sein Haß mehr noch als gegen die Polen gegen die Juden. Jahrelang, von 1648—1651, dauerte dieses Massenmorden fort, und zuverlässige Chronisten berichten, daß mehr als $1/4$ Million Juden von Wilna bis Lemberg unter den entsetzlichsten Qualen hingemordet worden seien. Langer Zeit bedurfte es, bevor sich die Juden in Polen von diesem Fall erholen konnten. Sehr viele wanderten aus und so kam es, daß Juden, welche einst aus Deutschland vertrieben wurden, wieder dorthin zurückkehrten — nicht zum Heile der Juden Deutschlands.

Die geistige Entwicklung unter den Juden in Polen war nicht eine gesunde und normale; unter dem Druck ihrer socialen Lage war das Licht der Wissenschaft längst untergegangen. Die Kabbala hatte alle Geister gefangen genommen und unter den Verfolgungen hatten sie sich zurückgezogen und ausschließlich auf das Talmudstudium beschränkt. Eine so außerordentliche Fülle von Intelligenz und Verstand, auf ein einziges Gebiet beschränkt, mußte nothwendig zur Erstarrung des Geisteslebens führen.

Und nun muß ich Ihnen, meine Damen und Herren, von einer Bewegung erzählen, welche für jene Periode das charakteristischste Moment ist. Zu derselben Zeit, wo ein Baruch Spinoza die Ideen der Philosophie zu einer Höhe bringt, von der noch heute das moderne Leben zu zehren hat, geben sich seine Glaubensgenossen in der Türkei, ja im ganzen Orient, in Deutschland und in Polen, einem Abenteurer gefangen, welcher nichts für sich besaß als den Reiz äußerer Gewandtheit und Schönheit. Er hieß Sabbatai Zewi und war im Jahre 1616 in Smyrna geboren. Es ist nicht bekannt, welche Eigenschaften dieser Mann besessen, daß es ihm gelang, die mißtrauischen, vorsichtigen und klugen Juden fast ein halbes Jahrhundert zu bethören. Genug, es ist ihm gelungen, eine Bewegung zu entfachen, die für das Judenthum verderbliche Folgen hatte.

In seinem 20. Lebensjahre hatte Sabbatai bereits seine zweite Frau verstoßen. Er trat gerade in jener Zeit auf, wo mit heißer Sehnsucht an jedem Tage die Ankunft des Messias erwartet wurde. Schlaue Betrüger hatten diese Sehnsucht der Juden ausgenutzt. Sie behaupteten, im Jahre 1635 würde der Messias kommen und die Juden nach Palästina zurückrufen; bald wurde wieder eine andere Jahreszahl genannt. So jubelte auch dem Sabbatai eine ganze Masse von Leuten zu als dem neuen Messias, der gekommen sei, um die Juden zu erlösen. An der Spitze seiner Schaar zog er nun direkt nach Jerusalem. Auf dem Boden des heiligen Landes mußte es sich ja offenbaren, ob er wirklich der Erlöser sei. Er hatte sich zum dritten Male eine Frau, Namens Sarah, angetraut, welche seltsame Schicksale aufzuweisen hatte. Sie war als sechsjähriges Kind während der Kosakenaufstände in ein polnisches Kloster gesteckt und dort gewaltsam getauft worden. Sie wurde von dort befreit und die Juden fanden sie eines Morgens auf dem jüdischen Friedhof. Sie nahmen sie mit sich; Sarah trat zum Judenthum zurück und nach allerlei Abenteuern und Wanderungen über Frankfurt a. M. und Livorno kam sie nach Smyrna. Mit Sabbatai und Sarah zog ein ganzes Heer von betrogenen Betrügern, von Schwärmern und Schwindlern oder auch von solchen, die wirklich an die Erlösung glaubten. Durch ganz Europa bewegte sich dieser Zug, und er kam auch nach der Türkei; so stark war er angewachsen, so viele Anhänger selbst unter den frommen Juden hatte er gefunden, daß der Großvezier der Pforte Angst bekam und den Sabbatai vor sein Tribunal citirte. Der Schlauheit dieses Mannes gelang es, dem Großvezier auseinanderzusetzen, daß für die Pforte selbst keinerlei Gefahr bestünde. Er hätte es nur unternommen, die Juden aus allen Ländern zu sammeln und sie nach Palästina zu führen, wo das neue Jerusalem ihrer harre. Der Sultan schenkte ihm jedoch keinen Glauben. Er wurde in dem Schlosse Abydos internirt, in dem „Thurm des Glaubens", wie es seine Anhänger nannten. Letztere umstanden Wochen und Monate lang dieses Schloß, und eines Tages sahen sie, daß Sabbatai durch türkische Ehrenwachen aus dem Gefängnisse abgeholt und wieder nach Konstantinopel gebracht wurde. Er hatte inzwischen einen Ausweg gefunden: Er war zum Islam übergetreten und glaubte nunmehr, daß seine Rolle ausgespielt sei oder daß er auf einem anderen Gebiete zur Geltung kommen müßte. Aber die einmal entfachte Volksbewegung war nicht mehr zurückzudämmen. Es verbreitete sich das Gerücht, Sabbatai sei nicht zum Islam übergetreten, sondern nur ein menschliches Trugbild von ihm. So trat er wieder an die Spitze seiner Getreuen. Niemals war seine Keckheit größer als in jenen Tagen, wo er als Betrüger entlarvt wurde. Die Befehle, welche er in jener Zeit erließ, schließen mit den Worten: „Ich, Euer Gott, Sabbatai Zewi." Trotzdem gelang es ihm auf die Dauer nicht mehr, dasselbe Ansehen sich zu erhalten, welches er vordem genossen. Er starb schließlich in der Türkei. Die Bewegung loderte jetzt erst in hellen Flammen auf. Fast in jedem Jahrzehnt steht ein anderer Abenteurer auf, der unheilvollste in Polen, denn dort hat noch gegen das Ende des vorigen Jahrhunderts die Gemeinde der Sabbathianer bestanden, bis sie durch einen neuen Propheten, Jakob Frank, beglückt wurden, welcher die Rolle seines Ideals in sehr getreuer Weise kopirte. Auch er trat mit dem Banner auf: Es gilt Front zu machen gegen den Talmud und die Ideen Sabbatai Zewi's neu zu beleben. Diese Parole fand natürlich bei der katholischen Geistlichkeit lebhaften Anklang. Auch er wurde später im Kloster internirt und er befreite sich ebenfalls dadurch, daß er im Gefängniß zum Christenthum übertrat. Auch er verlor durch diesen feigen Abfall Alles. Die Anhänger dieser Bewegung wurden aber desto hartnäckiger, je mehr ihnen von der öffentlichen Macht und durch die Juden selbst Gefahren bereitet wurden. Zum Theil haben sie sich bis auf den gegenwärtigen Tag unter dem Namen „Frankisten" in Polen erhalten. Das sind die letzten Ausläufer jener unheilvollen Bewegung, welche das Judenthum in zwei oder drei Lager spaltete und so jede höhere Entwicklung hemmte. Selbst die Juden in Deutschland, die doch bereits auf einer höheren Kulturstufe standen, nahmen Theil daran, und große Rabbiner, welche sich von diesen beiden Schwindlern täuschen ließen, traten für die Bewegung ein und zwar mit einer Begeisterung, welche nur verständlich ist, weil sie stärker war als die Verstandeskraft.

Die Lage der Juden in Deutschland läßt sich nicht wie die in Holland und anderen Ländern mit wenigen Worten charakterisiren. War doch Deutschland selbst in viele Territorien getheilt; in jedem Lande herrschte ein anderer Regent. Wenn es auch dem Juden Lippold in Berlin oder dem Juden Süß in Würtemberg gelang, die Lage der Juden in diesem Lande auf einige Zeit zu verbessern, so wurden dieselben doch aus anderen Landen und so auch aus Berlin vertrieben. Erst nach einem Jahrhundert sollten sie wiederkehren und zwar, wie sich dies wiederholt gezeigt hat, in Folge des Unglücks ihrer Glaubensgenossen in einem anderen Lande. In Oesterreich wurden sie nämlich von Ferdinand II. auf das Drängen seiner Gemahlin hin vertrieben. Im Jahre 1670 mußten sie Wien verlassen, und da kamen nun drei Männer, Benedict Veit, Abraham Lazarus und Abraham Rieß nach Berlin, um beim großen Kurfürsten ein Asyl für die Juden zu erlangen. Friedrich Wilhelm, der erleuchtete Monarch, gewährte ihnen dieses Asyl, und im nächsten Jahre zogen 70 angesehene Familien in Berlin ein, von denen noch heute Nach=

kommen hier existiren. Preußen war ein Hort der Duldung und Glaubensfreiheit geworden, welche den Grundstein bildete, auf dem sich die Größe Preußens aufbaut, und welche nun zum Gemeingut der ganzen Menschheit werden sollte. Im Jahre 1671 zogen also die Juden in Berlin wieder ein, und im Jahre 1714 wurde hier die erste Gemeindesynagoge in der Heidereutergasse von ihnen feierlich in Anwesenheit des Königs eröffnet.

Damit sind wir an die Schwelle der neuen Zeit gelangt, der letzten Periode unseres Geschichtslebens. Ueberblicken wir noch einmal die Lage der Juden zur Zeit, wo diese fünfte Periode schließt, so bietet sie uns ein überaus trauriges Bild, welches durch keinen Lichtstrahl erhellt wurde. Wer damals durch die Judengassen Europas hätte ziehen können, von Konstantinopel über Warschau nach Frankfurt a. M. und Livorno, ja bis nach Rom, dem würde sich da ein recht düsteres Bild geboten haben. Denn nimmer hätte man glauben mögen, daß die Enkel und Nachkommen der alten Makkabäer, die allen Verfolgungen und der Jahrhunderte währenden Arbeit, das jüdische Volk zu unterdrücken, Trotz geboten hatten, in Sprache und Gang, in Sitte und Weltanschauung verdorben und zu Grunde gerichtet werden könnten. Niemals in der ganzen jüdischen Geschichte begegnen wir einem solchen Niedergang, einem solchen Verfall, wie zu Ende des vorigen Jahrhunderts.

War es doch möglich, daß sich in jüdischen Kreisen organisirte Räuberbanden bildeten, welche die Lande unsicher machten! War es möglich, daß ein Stamm mit dieser Intelligenz, Bildung und Begabung, der eine ganze Reihe der hervorragendsten Dichter und Denker der Welt geboten hat, in seiner Sprache und seiner Weltanschauung so sinken konnte? Es war möglich. Aber auf den tiefsten Verfall sollte eine Rettung kommen ohne Gleichen, eine Rettung durch eine Bewegung, welche neues Leben in das Judenthum bringt, — welche wir in unserem nächsten und letzten Vortrage schildern wollen — eine Bewegung, welche immer wieder uns an die alte Verheißung gemahnt, die so oft in der Bibel immer unter einem anderen Bilde wiederkehrt: daß Israel berufen sei, ein Zeuge zu sein der Gotteswahrheit für alle Völker und als ein solcher zu leben bis an das Ende der Tage und bis zur letzten Lösung des Knotens aller Erdennationen.

Wenn wir also die jüdische Geschichte aufmerksam und mit prophetischem Blicke lesen, so reicht diese allein aus, um unsere Treue und unsere Beharrlichkeit, unsere Hartnäckigkeit in dieser Treue und in diesem Glauben an die Erfüllung der Ideale des Judenthums zu erhalten und zu befestigen. Diese Treue hat ihren Grund in der Ueberzeugung, daß jene Ideale, von welchen wir erfüllt sind, noch nicht die ganze Menschheit erfüllt haben. Noch immer gehen jene beiden oft geschilderten großen Weltanschauungen feindlich und getrennt durch die Welt. So lange diese nicht versöhnt sind, so lange hat Israel seine Aufgabe nicht gelöst. Ein Zusammentreffen dieser Weltanschauungen zeigt uns in manchem Winter der Kalender in wunderbarer Weise. Wohl können Sie es dann sehr oft erleben, daß Sie, wenn Sie die Straßen durchwandern, in manchen jüdischen Häusern zweierlei Lichter brennen sehen: Hier das Chanukalicht und dort das Christbaumlicht! Das eine ist das Zeichen der Treue, das andere im jüdischen Hause das Zeichen der Gedankenlosigkeit und des Abfalls. Wir aber wollen, meine Damen und Herren, an unseren Chanukalichtern festhalten. Es ist das Zeichen unserer unentwegten Treue zu den Idealen des Judenthums, die wir uns erhalten und auf deren endliche Erfüllung wir hoffen wollen.

Sechster Vortrag.

Im ersten Kapitel des Buches, das den Namen des Propheten Ezechiel trägt, lesen wir eine merkwürdige Vision, welche ungefähr so lautet: „Und die Hand des Herrn fuhr über mich hin und der Herr führte mich im Geiste hinaus in ein Thal, welches voll war von dürren Gebeinen. Und die Stimme des Herrn sprach zu mir: „Werden diese Gebeine wieder aufleben, Menschensohn?" Ich antwortete: „Du Herr allein weißt es!" Und er sprach ferner: „Rufe diesen Gebeinen zu, daß sie Leben annehmen!" Und der Hauch Gottes fuhr über sie hin und sie nahmen Leben an. Sehnen kamen zu Sehnen, Fleisch zu Fleisch, Gebeine zu Gebeinen. Und sie standen auf ihren Füßen, eine große Schaar. Und der Herr sprach zu mir: „Siehe, diese verdorrten Gebeine sind das Haus Israel!"

Diese Prophezeihung des Propheten kommt uns in Erinnerung, wenn wir die sechste große Periode der jüdischen Geschichte aufmerksam betrachten. Und noch viele von den alten Verheißungen, welche nun vor länger als 3000 Jahren von unseren Propheten gesprochen wurden, kommen uns ebenfalls in Erinnerung. Da spricht die Mutter Zion: Wer hat mir all' Diese geboren! Und ich war doch arm und verlassen und nun sehe ich vor mir ein großes Volk. Und noch eine andere Verheißung: Ich gedenke Dir die Treue Deiner Jugend, die Liebe Deines Brautstandes, daß Du mir nachgingst in die Wüste, in ungesäetes Land.

Ja, diese Verheißungen hatten sich glänzend an Israel erfüllt, welches Jahrtausende durch Oeden und Wüsteneien gegangen, immer nur dem Rufe seines Gottes nach, immer nur einer heiligen Phantasie folgend, wie man sagte, in Wahrheit aber einem hohen Ziele nach, einem Ziele, welches ein neuerer Dichter so schön auseinandergesetzt hat. Indem er die Geschichte Israels vor seinen Augen Revue passiren ließ, sagte er: „So etwas läßt sich nicht dichten! Eine solche Geschichte läßt sich nicht erlügen. Sie ist das größte Poëm aller Zeiten und geht wahrscheinlich bis zur letzten Entwicklung des großen noch ungelösten Knotens aller Erdennationen hinaus."

Und wie ist diese Veränderung entstanden? Sie erinnern sich, meine Damen und Herren, aus unserem letzten Zusammensein, daß wir den israelitischen Stamm um die Mitte des vorigen Jahrhunderts in seiner tiefsten Erniederung gesehen haben. Niemals in seiner wechselvollen Geschichte war Israel so tief in geistiger, sittlicher, religiöser und moralischer Beziehung gesunken wie gerade um die Mitte des vorigen Jahrhunderts. Der Landessprache unkundig, von allem öffentlichen Leben ausgeschlossen, auf den Unterricht selbst ungebildeter polnischer Lehrer angewiesen, ohne Schulen, ohne eine Ahnung von dem, was diesem Stamm beschieden, was er einst gewesen, in seiner tiefsten Knechtgestalt, so lebte Israel, und keiner hätte geglaubt, daß diesem Stamme eine so große, glänzende Renaissance noch beschieden sein würde, die förmlich nach dem Pinsel eines Michel Angelo oder Raphael schreit.

Kaum 50 Jahre sind vergangen, und die Berliner Juden geben den Ton an, in der Geselligkeit und in der Litteratur, und in Frankreich sehen wir die öffentliche Gewalt die Juden als gleichberechtigte Bürger erkären, und in Amerika hören wir die Erklärung der Unabhängigkeit, der Gleichheit aller Menschen vor dem Angesicht Gottes. Welch' eine Veränderung, welch' ein Wunder! Nein, nicht ein einzelner Mensch, und wäre er noch so groß, konnte eine solche Umwandlung zu Werke bringen, das war ein Höheres, das war das Walten jener Mächte, welche wir in der Geschichte Israels so oft schon erkannt und gerade dann am deutlichsten erkannt haben, wenn die Erniedrigung Israels am tiefsten gewesen ist.

Sichtbar tritt diese wunderbare Renaissance in Erscheinung an einem bestimmten Tage des vorigen Jahrhunderts. Im Jahre 1743 kam ein 14 jähriger Knabe durch das Rosenthaler Thor hier in Berlin an — das Rosenthaler Thor war damals das einzige, durch welches Juden die Residenz Friedrich's des Großen betreten durften — ein armer, verwachsener, zitternder Knabe, der auf die Frage des Thorschreibers, was er hier wolle, schüchtern antwortete: „Lernen!" Der Knabe hieß Moses Mendelssohn. Zwanzig Jahre später hat er der Akademie der Wissenschaften eine Preisschrift: „Ueber die metaphysischen Wissenschaften" eingereicht, welche die Bewunderung aller erregte, und noch einmal zwanzig Jahre später hat er, der vor zwanzig Jahren als ein armer Knabe, der noch Leibzoll zahlen mußte, in Berlin einzog, die deutsche Nation ermahnt, sie möchte doch ihre Nationalgüter eifriger pflegen, und sich nicht mit dem französischen Flitterkram behängen, und nach abermals zwanzig Jahren starb er und die ganze gebildete Welt betrauerte ihn, und der größte Philosoph sagte: „Es war nur ein Mendelssohn!" Und alle stimmten in das Lob ein, welches einer der größten Dichter ihm widmete: „Ein Weiser wie Sokrates, den Gesetzen der Väter getreu, Unsterblichkeit lehrend, unsterblich wie er." Dieser Mann war es, der, wenn wir von dem Walten irdischer Mächte überhaupt reden wollten, die Renaissance der deutschen Juden zu Wege brachte. Er war und wollte kein Reformator werden; in seinem Leben wie in seinen Anschauungen huldigte er streng den Traditionen des Judenthums. Er war, was noch viel mehr sagen will, der Germanisator der deutschen Juden, und wenn man ihn mit Martin Luther vergleichen möchte, so hat dieser Vergleich insofern seine Berechtigung, als Mendelssohn dasselbe gethan hat für das jüdische, was Luther für das deutsche Volk gethan hat: Er hat ihm die Bibel gegeben, mit der deutschen Bibel die deutsche Sprache, den deutschen Geist, das deutsche Leben. Lange bevor der Jude gleichberechtigt war in der Politik wie im Staatsleben, war er es schon in der Litteratur, in der Kunst, in der Gesellschaft. Das verdanken die Juden Mendelssohn und das sollen sie niemals vergessen. Freilich, die Staatsämter waren den Juden damals noch verschlossen, selbst das „General=Privileg" legte ihnen noch eine Fülle von Beschränkungen auf. Als Mendelssohn nach Berlin kam, durfte man in der jüdischen Gemeinde noch kein deutsches Buch lesen. Ein junger Knabe von 15 Jahren, der einmal für ihn eine deutsche Grammatik besorgte, wurde von dem Vogt der jüdischen Gemeinde, der über die eingewanderte Juden die Aufsicht zu führen hatte, in der Spandauerstraße ergriffen. Derselbe nahm ihm das Buch weg, beschimpfte ihn und veranlaßte, daß er aus Berlin ausgewiesen wurde. Dieser Knabe war der Großvater des verstorbenen Bankiers Gerson von Bleichröder. Moses Mendelssohn nahm sich seiner an, brachte ihn nach Halberstadt, wo er in der deutschen Schule sich weiter bilden konnte und später den geschäftlichen Ruhm des großen Bankhauses begründete.

Das ist ein kleines Bild aus dem damaligen geistigen Leben der Juden in Deutschland. Kaum 30 Jahre später hat sich das Bild aber vollständig verändert. Als Mendelssohn starb, hatte Henriette Herz bereits ihren Salon eröffnet, und in diesem Salon begegnete sich Alles, was zur Zeit in der deutschen Litteratur große Bedeutung und Aussicht auf die Zukunft hatte: Die alten Rationalisten, die Führer der damals modernen Romantik und die Häupter des ein Vierteljahrhundert und noch später zur Geltung kommenden Jungdeutschlands. Bis zum Auftreten Moses Mendelssohns wußte man in Berlin überhaupt nichts von Geselligkeit. Es gab keine Gesellschaften. Ein einziges Kaffeehaus existirte, wo sich die Notabilitäten Berlins trafen, und der Kastellan des königlichen Schlosses veranstaltete ein oder zweimal in der Woche Kaffeeabende.

Das war alles von Geselligkeit in Berlin. Moses Mendelssohn, er, der selbst nur ein armer Buchhalter des Seidenfabrikanten Isaak Bernhard war, öffnete zuerst sein Haus der Geselligkeit. Dichter, Gelehrte, Schriftsteller, Dichterinnen und Fürstinnen, keine Notabilität der gebildeten Welt kam nach Berlin, die nicht das Haus Moses Mendelssohn's aufgesucht hätte, und ein bekannter Dichter, Joachim H. Campe, Verfasser des „Robinson" erzählt uns wunderhübsch, wie er einmal mit einer großen Gesellschaft bei Mendelssohn gewesen sei. Es war im Winter und da wurde es früh dunkel. Da verschwand Mendelssohn, und als er wiederkehrte, verschwand seine Frau, und plötzlich öffneten sich die Thüren, und man sah die Sabbathlichte und wie Frau Fromet Mendelssohn diese Lichte anzündete und den Segensspruch darüber betete. Ein heiliger Schauer, so erzählte er, kam über uns von dem Geiste des großen Philosophen, der in die Höhen und in die Tiefen des Gedankens getaucht ist und sich doch so demüthig vor seinem Gotte beugte. Moses Mendelssohn war nicht schuld daran, daß die Entwicklung des Judenthums in Deutschland, welche er ihm wohl hätte empfehlen und vorzeichnen können, sich anders gestaltet hat. Das deutsche Judenthum bleibt ihm trotzdem zu ewigem Danke verpflichtet. Er hatte auch sein Volk aus dem Frohndienste Mizraims erlöst und zu geistigen Höhen geführt, und seine Zeitgenossen hatten nicht Unrecht, wenn sie Moses Mendelssohn den beiden großen früheren Moses im Sprüchwort an die Seite stellt.

Man erzählt, daß Mendelssohn, der bekanntlich in dem Hause Spandauerstraße 68 wohnte, in seinen späten Lebensjahren eines Abends sehr besorgt unter dem Schatten des Baumes gesessen habe, der damals noch vor dem Hause stand. Ein Freund trat an ihn heran und fragte ihn: „Was ist Ihnen, Herr Mendelssohn? Haben Sie Sorgen?" „Ich denke an die Zukunft meiner Kinder," erwiderte er. Es mag wohl schon damals ein Hauch jenes Geistes in Berlin geweht haben, der später für das Judenthum so verhängnisvoll werden sollte. Eine Erscheinung tritt vor unser Auge, die sich sehr oft in der Geschichte wiederholt. Der aus den Kerkerbanden befreite Geist überstürzt sich in seinem Fluge und in seinem Ringen nach Besserem und Neuem. Die Schüler, die Kinder Mendelssohn's und seine Freunde verfolgten nicht den Weg, den er eingeschlagen; sie gingen weit über ihn hinaus. In dem ersten Rausch der Freiheit, welche ihnen das geistige Leben der damaligen Zeit bot, warfen sie den Mantel von sich, welcher Jahrtausende lang dem armen Wanderer Schutz und Schirm geboten hatte.

Vor allem waren es die Frauen, welche damals in der Berliner Geselligkeit den Ton angaben. Wir müssen hier genau unterscheiden zwischen dem, was die Juden dem deutschen Volke gegeben und was sie ihrem eigenen Stamm schuldig geblieben sind. Vergegenwärtigen wir uns, bevor wir ein Urtheil über jene bedeutenden Männer und Frauen abgeben, die Zeit noch einmal, in welcher sie zur Reife gelangt sind. Auf der einen Seite das Judenthum in der erschreckendsten Gestalt, in einer verknöcherten Orthodoxie, welche dem Geiste der Zeit jeden Eingang versperrte, abstoßend häßlich in seiner äußeren Form, widerwärtig, weil sein tiefer religiöser Gehalt nicht zur Erkenntnis gelangte, auf der andern Seite ein überquellendes deutsches Geistesleben, die Zeit Friedrichs des Großen, Immanuel Kant's, Wolfgang Goethe's, Friedrich von Schiller's und nun denken Sie sich, meine Damen und Herren, daß die gebildeten jüdischen Männer und Frauen vor die Wahl gestellt waren: hier das Judenthum, das alte in seiner häßlichen Gestalt, weil sie seine Schönheit noch nicht erkannt hatten, und hier das deutsche Geistesleben, das sie freudig aufnehmen — und nun gehen Sie hin und verurtheilen Sie diese Menschen! Beklagen können wir sie höchstens, daß ihnen die tiefere Erkenntnis vorenthalten war, nicht aber verdammen. Nicht mit Unrecht hat man die damaligen Berliner Juden die „Juden Friedrichs des Großen" genannt, und die hervorragendsten Litterarhistoriker haben es auch anerkannt, daß Berlin vieles, was es für dies deutsche Geistesleben und höhere Geselligkeit geleistet habe, seinen Juden zu verdanken hätte.

Henriette Herz, Dorothea Mendelssohn, die abtrünnige Tochter ihres frommen Vaters, und Rahel Levin waren es, welche diesem neuen Geistesleben befruchtende Keime zutrugen. In der Zeit, wo Rahel Levin für Goethe schwärmte, ja in Goethe förmlich ihren Gott verehrte, wurde sie dem Judenthum treulos. In einem Briefe an Veit beklagt sie ihr Unglück, daß sie mit einer so großen Bildung begabt sei und daß ihr Gott einen so weiten Blick in die Zukunft verliehen und dabei habe er ihr das Unglück angedeihen lassen, eine Jüdin zu sein. Als Rahel starb, sprach sie zu ihrem Mann, Varnhagen von Ense, denkwürdige Worte, welche er selbst in jener schweren Stunde, da er sich von seinem angebeteten Weibe für immer trennen mußte, sofort niederschrieb. Sie sagte: „Mit erhobenem Entzücken denke ich an meinen Ursprung und diesen ganzen Zusammenhang des Erscheinens. Was so lange Zeit nur die größte Schmach, der herbste Feind und Unglück war, eine Jüdin zu sein, um keinen Preis müßte ich das jetzt missen!"

Meine Damen und Herren! Wir sind der Entwicklung vorausgeeilt. In der sechsten Periode der jüdischen Geschichte hat das Judenthum in Deutschland die Führung übernommen, aber es wäre irrthümlich zu glauben, daß die Bestrebungen, die Juden von den Banden der Knechtschaft zu befreien, auch von Deutschland ausgegangen seien. Diese Bestrebungen sind von England ausgegangen. Englische Freidenker, vor allem John Toland, waren es, welche schon zu Ende des 17. Jahrhunderts aussprachen, daß jeder Mensch gleiches Recht auf Erden besitzen müsse, weil er Gottes Ebenbild sei.

In der That war es England zuerst, welches die Juden zurückberief und ihnen volle Freiheit einräumte. Im Jahre 1791 folgte Amerika mit seiner Unabhängigkeitserklärung, und fünf Jahre später kam Frankreich mit seiner Erklärung der Menschenrechte und der Gleichheit aller Menschen vor dem Gesetz, einer Erklärung, welche später namentlich für das Elsaß hier und da eingeschränkt, aber in Frankreich nicht widerrufen wurde. Ja, als Napoleon in der Blüthe seiner Siege stand, dachte er seinem Lorbeer das schönste Reis anzufügen, wenn er nun auch für das jüdische Volk sorgte. Er berief die Notabeln der jüdischen Gesellschaft zu einem Synedrium zusammen, welches den Glanz der alten Tage und die Blüthezeit des jüdischen Volkslebens erneuern sollte. Im Jahre 1807 wurde das Synedrium mit großen militärischen Festlichkeiten und allem Pomp der Napoleonischen Zeit eröffnet. Es wurden ihm zwölf Fragen vorgelegt, welche es zu beantworten hatte, eherechtliche, civilrechtliche Fragen und vor Allem die über das Verhältnis zwischen Juden und Christen, die ja den Völkern am nächsten liegen mußte. Was sie beschlossen, ihre Antworten sind bekannt. Sie haben das ausgesprochen, was im Geiste des Judenthums seit uralten Tagen gelegen hat: Das Judenthum es kennt keinen Haß gegen andere Völker, das Judenthum kennt keinen Neid gegen andere Religionen, das Judenthum lehrt die reinste Menschenliebe, den Glauben an einem einzigen Gott und die Hoffnung auf die Einheit des ganzen Menschengeschlechts. Solche Ideen, solche Anschauungen mußten überall eine tiefgreifende Aenderung in dem Verhältnis der Staaten zu Israel hervorrufen. Ein erleuchteter Monarch, Joseph II., gab in Oesterreich zuerst diesen Anschauungen auch in der Politik Raum. Hier fiel zum ersten Mal das Wort, daß man die Juden als Nebenmenschen achten und lieben müsse. Am spätesten ist in Preußen diese Anschauung ausgesprochen worden. Erst das Stein=Hardenberg'sche Edikt, welches den Schlußstein einer Gesetzgebung lieferte, durch welche Preußen groß, mächtig und tonangebend im Rathe der Völker geworden ist, sprach auch die Gleichberechtigung der Juden aus. Mit allen Hoffnungen des deutschen Volkes ging auch die Hoffnung, welche die Juden auf dieses Edikt gesetzt haben, zu Grunde. Erst im Jahre 1850 wurde in der Verfassung durch Friedrich Wilhelm IV. die Gleichberechtigung aller Religionen ausgesprochen und erst das Jahr 1871 hat auch die letzten Hindernisse beseitigt, welche für die völlige Gleichstellung der Juden theoretisch noch existirt hatten.

Die politische Geschichte der Juden hat scheinbar ihr Ende erreicht. Wohl sind noch in vielen Staaten Ueberbleibsel der alten Verhältnisse, welche die Zeit wegzuräumen hat, wohl ist die Gleichstellung der Juden im öffentlichen Leben noch nicht überall erfolgt, aber wir vertrauen der Zeit, und wir haben ihr um so mehr zu vertrauen, wenn wir betrachten, welch' eine ungeheure Umwälzung in kaum einem Jahrhundert vor sich gegangen ist, seit Mendelssohn als kleiner zitternder Knabe in Berlin einzog. Ich sagte schon, daß das deutsche Judenthum in dieser letzten Periode der jüdischen Geschichte die Führung übernommen hat, denn ebenso wichtig wie das politische war auch das geistige Leben der Juden. Auf einen tiefen Verfall folgt eine große Erhebung, welche vor allem dadurch erreicht wurde, daß der jüdische mit dem deutschen Geiste sich vermählen durfte. Gerade jene Juden und Jüdinnen, welche zu Anfang des Jahrhunderts dem Judenthum untreu wurden — ein großer Theil der jüdischen Gemeinde trat damals zum Christenthum über in Berlin — waren es, welche hier unbewußt und ungeahnt die Zwecke des jüdischen Geistes förderten. Schon Mendelssohn hatte in dieser Beziehung Anknüpfungen gemacht, welche für die fernere Entwicklung günstig wurden. Sie alle wissen, daß Mendelssohn oftmals nach dem Nikolaikirchhof Nr. 20 — einem Haus, das jetzt als Molkenmarkt Nr. 8 bezeichnet ist — ging, um dort Schach zu spielen, und wie aus diesem Schachspiel später ein tiefer, großer, nachhaltiger Freundschaftsbund entstanden ist, der zwei erhabene Geister, Mendelssohn und Gotthold Ephraim Lessing in der Geschichte des menschlichen Geistes für immer mit einander verkettet hat. Als Lessing seinen „Nathan" schrieb, da schwebte ihm augenscheinlich die Gestalt Moses Mendelssohn's vor. In ihm sah er den idealen Juden, die Verkörperung jenes Geistesideals, welches den großen Denkern aller Jahrhunderte innerhalb des jüdischen Kreises vorgeschwebt hat. Die Juden hatten nunmehr eine große Aufgabe zu erfüllen. Wie Mendelssohn jüdisches und hellenisches Leben mit einander vereint hatte, so hatten sie nichts Anderes zu thun, als den Augen der erstaunten Menge den neuaufgelebten jüdischen Geist in seiner vollen Wahrheit und Kraft zu zeigen. —

Wiederum ging die Renaissance des jüdischen Geisteslebens von Berlin aus. Noch war die Zeit nicht gekommen, wo der jüdische Geist das letzte Wort gesprochen hatte und ihm nichts mehr zu thun blieb, als aufzugehen in der Allgemeinheit. Der größte Theil seiner Mission war noch unerfüllt. So fanden sich Männer, welche hier in Berlin im Jahre 1819 einen Verein für Kultur und Wissenschaft des Judenthums gegründet haben. Eduard Gans war der erste, Moses Moser der zweite und Leopold Zunz der dritte. Auch jener Kulturverein ist untergegangen. Entgegen der alten Sitte hat der Capitain zuerst das Schiff verlassen. Im Jahre 1825 nahm Gans die Taufe an, um in Berlin Professor zu werden. Zunz aber erkannte das, was allein geeignet sei und was man aus der traurigen Verwicklung behalten müsse, um in Zukunft die Stellung des Judenthums zu sichern. Wir besitzen von ihm einen Brief an Jmanuel Wohlwill, welcher ebenfalls Mitglied dieses Vereins war, wo er die denkwürdigen Worte schrieb: „Was allein aus dieser Zerstörung auftaucht, daß ist die Wissenschaft des Judenthums. Sie lebt, auch wenn kein Finger sich mehr für sie rührt." Hier war zum ersten Mal das Wort „die Wissenschaft des Judenthums" ausgesprochen und indem es ausgesprochen war, sah man das Bild der jüdischen Wissenschaft langsam aus den Fluthen emportauchen, erkannte man, daß es diese Wissenschaft gewesen war, welche das Judenthum in trüben Tagen erhalten und in neueren Tagen für den Kampf mit größeren und bedeutenderen Nationen und Individuen fähig machen müsse. Die Wissenschaft des Judenthums ist von Deutschland ausgegangen. Hervorragende Denker in allen anderen Ländern, in Polen, Italien und Frankreich haben sich ihr angeschlossen. Ehrfurcht gebietend, Ansehen heischend, ebenbürtig der Wissenschaft und der Litteratur der anderen Völker steht sie vor den Blicken Aller da, auch der Abtrünnigen, auch derer, die da geglaubt haben, daß das Judenthum nunmehr das Endziel erreicht habe, die da sagten: „Nun kommt doch, werft den Mantel ab, der Geist der neuen Zeit weht, die Völker haben uns in ihre Arme geschlossen, laßt das Judenthum untergehen!"

Mit der Renaissance der jüdischen Wissenschaft war unzertrennlich verbunden eine Renaissance des religiösen Lebens. Allerdings waren hier die Meinungen getheilt. Auf der einen Seite sagte man, daß das Judenthum nur erhalten werden könne, wenn es einen großen Theil seiner alten Formen abwerfe, vor Allem im Gottesdienste eine würdige und ansprechende Form zu erreichen suche. Ein Mann trat auf mit heller Begeisterung, mit inniger Liebe für die heiligen Ideen. Abraham Geiger ist sein Name gewesen und in Ehren sei er genannt — der für die Forderungen der neuen Zeit das Programm des Judenthums aufgestellt hat. Aber auch die Alten blieben nicht zurück. Den Glauben, daß das Judenthum sich mit dem Fortschritt der Zeit nicht etwa vereinen lassen würde, hatten sie aufgegeben. Auch auf der andern Seite standen Männer, welche mit dem vollen Bildungsgehalt des Jahrhunderts ausgerüstet, trotzdem mit inniger Liebe zu dem Alten erfüllt waren. Samson Raphael Hirsch war ihr Führer, und auch sein Name sei in Ehren genannt. Denn diese wie jene waren voll von Begeisterung für das Judenthum, sie hatten die redlichste Absicht, dasselbe sich und ihren Kindern zu erhalten. Der Streit der Meinungen und Parteien hat nie aufgehört — ein Beweis dafür, daß der Geist niemals ermattet und sich erschöpft hat.

Damit sind wir an die Schwelle der Gegenwart gelangt. Es war ein Irrthum, wenn man vor 30 oder 40 Jahren geglaubt hat, mit der von uns erstrebten Assimilirung sei die politische Geschichte des Judenthums zu Ende. Die letzten zwanzig Jahre haben uns überall auf dem ganzen Erdenrund eine große Enttäuschung gebracht, aber auch in dieser Beziehung eine wichtige Lehre gegeben. Wir wissen, daß unsere Geschichte noch lange nicht zu Ende ist, daß die Völker nicht verlangen können, daß nur ein volles Aufgeben des Judenthums der Preis sei, um welchen wir das Bürgerrecht erkaufen dürfen; wir wissen, daß das Judenthum seinen eigenen Weg gehen müsse auch in Zukunft. Auch diese Stürme werden vorübergehen. Wir, die wir dies Alles mit Spinoza „sub specie aeternitatis" d. h. unter dem Gesichtspunkt der Ewigkeit betrachten, die wir auf einer höhern Warte stehen als auf der Zinne einer modernen Partei, wir wissen, daß auch diese Stürme vorübergehen werden. Wir haben schon andere Stürme erlebt und andere Feinde überstanden als unsere modernen Antisemiten. Wir werden auch diese überstehen und leben bleiben. „Eine solche Geschichte," sagt Herder, „läßt sich nicht erdichten und nicht erlügen, sie ist ein ungelöstes Räthsel der Weltgeschichte."

Und nun bin ich zu Ende.

Was lehrt uns die Geschichte der Juden? An sechs Abenden haben wir uns über diese Geschichte unterhalten, wir haben sie verfolgt von den ersten Anfängen und sind gekommen bis an die Schwelle dieser Tage. Was lehrt uns die Geschichte des Judenthums? Denn, meine Damen und Herren, um ihrer selbst willen lernt man doch die Geschichte nicht. Wer die Geschichte nur als ein Register von Zahlen und Daten, Schlachten und Revolutionen, von Königsnamen und Heldensiegen ansieht, der hat ihren inneren Gehalt nicht erfaßt. Eine tiefe Lehre liegt in der Geschichte und nach ewigen Gesetzen wird die Welt regiert. Das Gesetz, welches die jüdische Geschichte regiert, das ist der Glaube an ein unwandelbares Recht, welches erhaben über allem Wechsel der Tage, welches die Geschicke Israels geführt hat von seinen ersten Spuren bis auf den gegenwärtigen Tag.

Im ersten Buche der Bibel lesen wir eine merkwürdige Geschichte. Als unser Stammvater Jacob aus seiner Heimath verbannt war und mit verlangender Seele den Weg zur Rückkehr suchte, da überfiel ihn die finstere Nacht und ein Mann stürzte sich auf ihn, der ihn niederzuwerfen suchte, um ihn zu tödten. Und Jacob rang mit diesem Manne während der ganzen Nacht; er wurde durch den Kampf erschöpft, aber er unterlag nicht. Und als der Morgen graute, sagte der Widersacher: „Nun laß' mich von dannen ziehen, denn der Morgen graut." Er aber erwiderte: „Ich lasse dich nicht, es sei denn, du hättest mich gesegnet." Und er segnete ihn und nannte ihn „Israel" „Gotteskämpfer." Ueber Jakob aber war die Sonne aufgegangen, er dankte Gott, dessen Arm er erkannt hatte.

Ist es uns nicht, meine Damen und Herren, als läsen wir in dieser einfachen Erzählung die ganze Geschichte des jüdischen Volkes von seinen ersten Anfängen im gelobten Lande, wie es dann aus seiner Heimath vertrieben wurde und wie es mit verlangender Seele den Weg zur Rückkehr suchte. Da kam die lange finstere Nacht und der Widersacher, welcher ihm Haß, Feindschaft und Verachtung brachte. Es rang mit ihm während der ganzen Nacht, es wurde wohl durch den Kampf erschöpft, aber es unterlag nicht, denn es harrte aus. Und als der Morgen graute, sagte der Widersacher: „Nun laß' mich von dannen ziehen, denn der Morgen graut." Es aber rief: „Ich lasse dich nicht, es sei denn, du hättest mich gesegnet." Es genügt mir nicht, daß du die Feindschaft gegen mich aufgiebst, ich lasse dich nicht, bis du mir deine Liebe geschenkt hast, ich lasse dich nicht, bis du mich als einen Gleichberechtigten erkannt hast. Das Judenthum hätte nicht das Recht, Liebe zu fordern, wenn es nicht jederzeit bereit wäre, allen Völkern der Erde Liebe zu geben. Eine merkwürdige Erscheinung bietet sich uns dar, wenn wir diese große Geschichte des Judenthums überschauen, ich möchte sagen, eine tragikomische Erscheinung. Auf der einen Seite ein kleines, unansehnliches Häuflein Menschen, welches einer ganzen Welt auf der anderen Seite Trotz bietet, eine geistige Potenz, welche nicht ermüdet, nicht ermattet und sich erhält. Wozu? Für welchen Zweck? Nun, dieser Zweck liegt in ihrer Geschichte. In der Geschichte, welche ich Ihnen vorhin erzählte, wurde der alte Jakob „Gotteskämpfer" genannt, und ein Gotteskämpfer hat Israel zu sein auch bis in die Tage der Zukunft. Die Mission Israels ist noch nicht erfüllt. Wäre sie erfüllt, dann würde es anders um die Menschheit bestellt sein, als es gegenwärtig der Fall ist. Aber so gewiß es ist, daß in dem letzten großen Rassenkampf der Völker das Judenthum bestehen bleiben wird, daß aber der Glaube an unsere Sendung in seiner Mitte nicht erlöschen darf, um dieser Welt den Glauben an den einig-einzigen Gott zu lehren — noch heute ist ja die Majorität der Menschen Heiden — sogewiß wird die Zeit kommen, wo auch jene Heiden, wo sich jedes Knie vor Gott beugen und alle Menschen anerkennen werden, daß Er allein einzig ist bis an das Ende aller Tage. So lange Religionen existiren, so lange wird auch die Religion des Judenthums bestehen. Wenn alle Religionen sich vereinigt haben werden, dann erst wird die Religion der Propheten herrschen, die darin besteht, anzuerkennen den einen Gott hoch in den Himmelshöhen, welcher die Welt erhält, und hier unten auf Erden ein Reich der Bruderliebe, der Humanität, der Freiheit, der Gerechtigkeit, die die ganze Welt erfüllen sollen.